CÓMO APLICAR LA INTELIGENCIA ESPIRITUAL EN EL TRABAJO

CON LOS PRINCIPIOS DE *UN CURSO DE MILAGROS*

EMILY BENNINGTON

CÓMO APLICAR LA INTELIGENCIA ESPIRITUAL EN EL TRABAJO

CON LOS PRINCIPIOS DE *UN CURSO DE MILAGROS*

EMILY BENNINGTON

EL GRANO Ð MOSTAZA

Título: Cómo aplicar la inteligencia espiritual en el trabajo
Subtítulo: Con los principios de *Un curso de milagros*
Autora: Emily Bennington
© 2017 Emily Bennington
Prólogo © 2017 Marianne Williamson. Esta traducción se publica con la licencia exclusiva de
Sounds True.

Primera edición en España: Mayo de 2017

© para la edición en España, El Grano de Mostaza Ediciones

Impreso en España
Depósito Legal: B 12736-2017
ISBN: 978-84-946798-6-5

El Grano de Mostaza Ediciones S. L.
C/ Balmes, 394, principal primera
08022 Barcelona, Spain
www.elgranodemostaza.com

A Helen Schucman y William Thetford
por traer *Un curso de milagros* al mundo.

Y a mi abuela, Mary Lou Bennington,
que no lo necesitó para encarnar el amor incondicional.

Hay una luz en ti que el mundo no puede percibir.
Y con sus ojos no la podrás ver,
pues estás cegado por él.
No obstante, tienes ojos con los que poder verla.

Un curso de milagros (L-189.1:1-3)

CONTENIDOS

Prólogo

El conocimiento es poder. Y no hay mayor poder que la comprensión espiritual: es el conocimiento más profundo de todos. Es entender quiénes somos y cómo operamos, cómo encajamos en el universo y dónde reside nuestro verdadero poder. En *Cómo aplicar la inteligencia espiritual en el trabajo*, Emily Bennington aplica su comprensión de *Un curso de milagros* —una de las mayores enseñanzas espirituales de todos los tiempos, incluyendo los nuestros— a un área de gran importancia para millones de personas y que a veces produce gran ansiedad. La idea de «agarrar el toro por los cuernos» se ha convertido en una receta cuestionable para el éxito profesional; si bien en ocasiones lo favorece, con frecuencia nos causa sufrimiento a nosotros mismos y a cuantos nos rodean. Estrés elevado, ansiedad, ausencia de paz mental y relaciones rotas ensucian a menudo nuestro recorrido profesional, mientras nos esforzamos día a día por gestionar las habituales complicaciones de la vida laboral. Algo está rematadamente mal cuando hay tantos dolores de cabeza y de corazón entre quienes luchan por abrirse camino en el mundo.

Pero, ¿hay alternativa? No basta con distanciarse de la visión disfuncional del mundo; necesitamos adoptar otra mejor. *Un curso de milagros* es una visión mejor, y Bennington lo enseña maravillosamente. Nos guía más allá del atrincherado paradigma que domina nuestro pensamiento actual sobre la vida laboral, y, citando a *Un curso de milagros*, empieza por «considerar la posibilidad de que podría haber otra manera mejor». Podemos cambiar de filtro mental y pasar de uno que promueve una interminable cascada de ansiedad a otro que favorezca la paz interior.

Cuando la psique pasa de ser un instrumento del caos a ser un instrumento de amor, nuestras circunstancias también pasan del dolor a la paz. Nuestra vida laboral solo puede cambiar cuando nosotros mismos cambiamos. El viaje espiritual es un camino del corazón, un proceso interno con efectos externos. Los cambios espirituales fundamentales —de los pensamientos de culpa a los de bendición, y de los pensamientos de condena a los de perdón— afectan a todas las áreas de nuestra vida porque *nos* cambian. Nos elevan por encima de las energías endurecidas y ansiosas que impiden nuestro bien, obstaculizan nuestras relaciones y minan nuestras habilidades. Como escribe Bennington: «El Amor no puede transformar tu profesión hasta no haberte transformado a ti primero».

Lo que entendemos por espiritualidad ha cambiado a lo largo de las últimas décadas. Ya no se considera una categoría separada del resto de nuestra existencia, sino un modelo del recto vivir que subyace a todas ellas. El Amor ya no se contempla como algo suave, pegajoso, relegado únicamente a algunos aspectos de la vida; más bien es el significado y la esencia de la vida misma. El camino del corazón es relevante para todo tipo de cosas.

Sin embargo, aprender la aplicación práctica de este principio no siempre es fácil, especialmente en el puesto de trabajo. Muchos se cuestionan qué implica llevar amor a la sala de juntas. De ahí, la importancia de este libro.

Usando los principios de *Un curso de milagros* para guiar al lector a través de situaciones laborales cotidianas con las que cualquier profesional se puede identificar, Bennington articula una vía de salida del infierno para el empleador y el empleado apresurados y estresados. El tránsito de la identificación con nuestro papel en el mundo a la identificación con nuestra función espiritual como practicantes del amor y del perdón no hace que seamos menos eficaces en el trabajo; más bien ocurre lo contrario. Nos sentimos más calmados, más pacíficos, y somos más apreciados por los demás. La espiritualidad no es una vida de sacrificio; es una vida de mayor poder tanto dentro como fuera.

Bennington no es ingenua con respecto al mundo laboral de nuestros días. Como ha sido consejera de numerosos ejecutivos y ha escrito libros superventas sobre el éxito profesional, sabe de qué habla cuando aborda asuntos mundanos y espirituales. Y sabe que llevar ambos al alineamiento adecuado es la receta ideal para quien esté buscando una vida más exitosa y pacífica. En palabras de Bennington: «La inteligencia espiritual se convierte en mucho más que una herramienta para el crecimiento profesional: es un cambio fundamental en toda tu visión de la vida».

Así, este libro te ofrece una guía para el entorno laboral, pero también para el resto de tu vida. A medida que lo leas, empezarás a corregir el pensamiento de que alguna vez hubo separación entre ambos. A veces, es muy difícil «encontrar amor» cuando hay que cumplir plazos de entrega, trabajar los números y pagar facturas. Pero Bennington establece un punto importante al decir que la única manera de «encontrar amor» es ser amor, donde quiera que estemos y hagamos lo que hagamos.

Así es el milagro. Así es el trabajo. Así es este libro.

Introducción

¿Son los negocios algo espiritual?

De acuerdo, escuchad todos: dejad las tazas de café a un lado y cerrad los ojos». El conferenciante parecía nervioso y ligeramente agobiado por estar allí, en el podio, mirando a una multitud de gerentes, educadores y empresarios que se habían congregado en Washington D.C. para celebrar un congreso sobre liderazgo consciente.

Lo cierto es que parecía bastante sorprendido de que estuviéramos allí.

¿Podía un grupo de ejecutivos ambiciosos, que se rigen por la lógica, estar *verdaderamente* interesado en una práctica contemplativa de hace dos mil seiscientos años?

Sin embargo, allí estábamos.

Éramos más de quinientos, todos tan apiñados en una estrecha galería que los que estaban de pie al fondo podían considerarse afortunados, —los desafortunados tenían que verlo en vídeo en la sala contigua—.

TIIIIIINNNNNGGGGG. La campana de apertura sonó con fuerza en la sala mientras el rugido de cientos de conversaciones simultáneas empezó a calmarse y, después… silencio.

Este no era nuestro primer congreso.

—Gracias —dijo el director—. Ahora, por un momento, me gustaría que pensaseis en lo que os ha traído aquí. Me gustaría que pensaseis en lo que pensáis que vais a conse…

No tuvo que acabar la frase.

Yo ya lo sabía.

De hecho, había venido a Washington D.C. con el único propósito de plantear una pregunta que había estado atormentándome desde que, en mi profesión de *coach* empresarial, empecé a atraer clientes cuyos problemas iban mucho más allá del ámbito estrictamente laboral:

Traición, adicción, diagnóstico de cáncer, pérdida de un hijo, el retorno de traumas infantiles... Créeme que podría seguir indefinidamente.

A medida que cada historia se hacía más compleja, había algo que deseaba profundamente compartir con mis clientes, pero siempre me contenía. Más adelante, la idea de no haberlo compartido volvía a inquietarme, y el ciclo volvía a empezar.

Había acudido a esta cumbre para consultar con mi tribu. Después de todo, los ejecutivos que estaban aquí presentes tenían salas de meditación al lado de las salas de juntas. Eran de los que llevan *malas*[1] con su traje de negocios, y pasan las vacaciones en *ashrams*. Si alguien podía entender mis luchas y esfuerzos, sin duda, eran ellos. Así es como me encontré sosteniendo un micrófono delante de todos los asistentes y del panel de gurús, planteando finalmente la pregunta que había estado dando vueltas en mi cabeza durante casi dos años:

—Si prestar atención al presente es, en su origen, una práctica espiritual, entonces, ¿qué papel desempeña la espiritualidad en los negocios y en el liderazgo?

Se oyó un profundo suspiro de un miembro del público que estaba cerca de mí y hubo un momento de silencio incómodo cuando los miembros del panel se miraron unos a otros como diciendo:

«Contesta tú».

«No, contesta tú».

«No, contesta tú».

Sin embargo, antes de que alguien pudiera responder, el moderador intervino dando una respuesta muy parecida a esta:

—Los negocios no son espirituales. Siguiente pregunta, por favor.

---

1. Collar de cuentas usado para rezar o repetir mantras. (N. del T.)

Posteriormente, algunas personas me llamaron a un lado para reforzar el mensaje y recuerdo que una de ellas hizo un comentario notable: «Dios es como el porno. Solo acudes a él cuando tienes que hacerlo, en privado, y *nunca* hablas de ello».

Durante algún tiempo escuché este consejo y procuré separar mi trabajo «espiritual» de mi trabajo «real» pero no funcionó. Poco después, las mismas viejas preguntas volvían a llamar de nuevo a mi puerta, cada vez con más fuerza:

¿Cómo podemos dirigir nuestros equipos y a nosotros mismos en momentos de grandes retos sin los cambios de perspectiva que ofrece la espiritualidad?

¿Cómo podemos llevar estos cambios a nuestro trabajo cotidiano sin que nuestros colegas piensen que somos ingenuos, incomprensibles o que es imposible promocionarnos?

Es interesante indicar que, al escribir esto, el estudio más reciente de Pew Research sobre tendencias religiosas ha puesto de manifiesto que aproximadamente el 84% de la población global se identifica con una tradición religiosa particular. Además, muchos de entre el 16% que afirma no tener ninguna afiliación religiosa en absoluto reconocen conservar convicciones que consideramos religiosas: la creencia en un alma inmortal, por ejemplo. Así, si consideramos que la mayor parte de la población mundial parece tener algún tipo de base espiritual, y combinando este dato con el hecho de que los profesionales suelen trabajar una media de cuarenta horas por semana —y a menudo más—, ¿puede resultar extraño que la línea que separa el trabajo de la espiritualidad esté *un poco borrosa*?

Continuamente dedicamos más tiempo al trabajo que a la familia —o a hacer cualquier otra cosa, incluyendo dormir— y, sin embargo, lo que se espera de nosotros es que dejemos en la puerta de entrada cualquier influencia que nuestra vida espiritual pueda tener en nuestra vida profesional.

No puede sorprendernos que esto no esté funcionando para miles de profesionales que afrontan retos personales similares a los que he descrito antes. Y tampoco funciona para los que quieren aplicar en su trabajo las mejores lecciones de la fe —como la humildad, la compasión y el desapego— sin temor a ser considerados débiles, decepcionantes o faltos de sofisticación. ¿Te suena familiar? De ser así, estás en el lugar adecuado. En este libro tengo el objetivo de enseñarte que los principios espirituales tienen un papel que desempeñar en todos los niveles del mundo de los negocios y también quiero mostrarte que el camino que propone el texto metafísico llamado *Un curso de milagros* contiene los secretos del liderazgo.

Como he sido estudiante del *Curso* durante mucho tiempo y también *coach* de liderazgo consciente para profesionales de todo el mundo, he visto los resultados del método que propongo de primera mano. Decir que el *Curso* ha sido beneficioso para mi propia carrera profesional sería quedarme muy corta:

Lo ha transformado todo.

Dicho llanamente: cuanto más volvía a ese misterioso libro azul, más experimentaba los notables cambios de perspectiva que promete. Externamente no había «cambiado» nada —seguía teniendo el mismo trabajo, las mismas ganas y los mismos plazos de entrega que antes— pero las transformaciones internas eran innegables:

La voz crítica desapareció.

El apego extremo a los resultados se esfumó.

Una «crisis» ya no me descarrilaba para el resto del día.

Sobre todo, mis relaciones mejoraron drásticamente.

Estos son los resultados que también deseo para ti. Sé que si aplicas los principios de *Un curso de milagros* a través de las lecciones y ejercicios de este libro, tu carrera profesional experimentará estas mismas transformaciones notables y duraderas:

- Exhibirás un liderazgo basado en la presencia que tus compañeros y supervisores no pueden dejar de notar, y de querer emular.

- Tu nivel de frustración con los retos y obstáculos que afrontas en el puesto de trabajo disminuirá a medida que tu perspectiva se vea sometida a un profundo cambio.

- La carga emocional que sientes en torno a las relaciones laborales difíciles disminuirá y sabrás qué hacer cuando vuelva a surgir.

- Trabajarás más eficazmente en equipo y disfrutarás más de esa experiencia.

- Tomarás decisiones más lúcidas y mejores.

- Toda tu experiencia profesional se verá impregnada por una sensación de gracia y facilidad.

La manera más sucinta de resumir el impacto del *Curso* en tu carrera profesional es decir que cuando ya no estás a merced de los pensamientos caóticos, el caos desaparece de tu vida. Aunque los efectos de este cambio de perspectiva son externos y serán visibles al instante para tus compañeros de trabajo, como descubrirás, la *causa* de estas transformaciones es en gran medida interna y espiritual.

No obstante, para dejar las cosas claras, y dado el nivel de suspicacia que puede —y debe— acompañar a la posibilidad de que cualquier creencia religiosa invada el mundo de los negocios, tus compañeros de trabajo —y mis compañeros que asistieron a la cumbre— se tranquilizarán al saber que este libro NO habla de proclamar tu fe ni de reclutar a nuevos estudiantes del *Curso* en la oficina.

De hecho, déjame que exprese de partida mi opinión al respecto: por favor, no lo hagas.

Más bien, este es un libro sobre *el amor aplicado al trabajo*. Pero no estoy hablando del amor romántico ni del amor ingenuo, ni siquiera del amor sin límites claros. Como el *Curso* mismo, este libro trata de un Amor sagrado dirigido a la totalidad de la vida. Se trata de un Amor sagrado que —más allá de cualquier forma de conducta o diferencia de la personalidad— se dirige al núcleo mismo de nuestro ser compartido *(interbeing)*. Los antiguos griegos lo llamaron «ágape». En las tradiciones orientales, el espíritu de este amor ha sido comparado con un pájaro que tiene dos alas, sabiduría y compasión, y necesita ambas para volar. Teniendo en cuenta este reencuadre, ¿cómo podría el mundo no beneficiarse de una infusión de espiritualidad en el trabajo?

Evidentemente, esto es lo que hace del *Curso* un camino profesional tan singular. No es porque defina a Dios como Amor —lo cual hace, pero eso no lo haría único—. Lo que hace del *Curso* algo único es que te enseña a mejorar radicalmente tu vida aplicando este mismo Amor sagrado a todas las cosas, incluyendo —y, para nuestro propósito, *de una manera especial*— tu trabajo. Como sabes, si consideramos que la vida es un aula donde tomamos clases, sin duda el trabajo es el lugar donde se nos asignan algunas de las tareas más difíciles. La pregunta que responderemos juntos es cómo puedes realizar estas tareas desde tu Yo superior.

Suena simple, pero no lo es. Las complejidades de los negocios de nuestros días, especialmente cuando se combinan con las diferencias entre personalidades y la velocidad con la que tenemos que movernos, hacen que la vida laboral resulte complicada.

Ahora bien, a medida que empieces a producir los milagros que el *Curso* enseña, prepárate, porque los que han estado esperando el emerger de una nueva cultura en el mundo de los negocios te han estado esperando a ti. El proselitismo no les inspirará, pero *la autenticidad de tu presencia* lo hará. El Amor que surge de una mente conectada con la sabiduría y la compasión siempre demostrará la más cierta de todas las verdades espirituales: nuestro poder real es la gracia y no el rango.

En cambio, una carrera profesional que utilice las alas del juicio y la competición simplemente no puede volar.

A medida que escribía este libro se me recordó que la disfunción en el lugar de trabajo fue uno de los factores que llevó a escribir el *Curso*. Podrás leer la historia de cómo vino a ser, en el apéndice de la sección de preguntas y respuestas pero, de momento, baste con decir que hace más de cincuenta años los escritores del *Curso* —escribas, para ser precisos— emplearon como catalizador sus dificultades laborales para crear una obra maestra y un movimiento que continúa inspirando a millones de personas de todo el mundo en nuestros días.

Ciertamente los negocios son espirituales.

Bienvenido.

Emily

Una nota sobre la filosofía y la estructura de este libro

¿Espiritual o religioso?

Antes de empezar, creo que resultaría útil compartir algunos pensamientos sobre cómo está organizado este libro. En primer lugar, me gustaría señalar que este es un libro espiritual y no religioso. Aunque estas palabras se podrían analizar semánticamente con mucho detenimiento, yo tiendo a suscribir la amplia visión de que la religión entraña un conjunto de creencias y rituales específicos y organizados, mientras que la espiritualidad refleja la necesidad innata que todos tenemos de conectar con algo más grande y más inteligente que nosotros mismos. Esto no hace que religión y espiritualidad sean un par de opuestos, solo distintos caminos que conducen al mismo lugar. Podemos reconocer y honrar nuestros caminos únicos por el papel que desempeñan a la hora de conformar nuestra cultura e identidad, sabiendo al mismo tiempo que el camino no es la meta. Solo es una manera de llegar allí.

Dicho esto, este es un libro que habla sobre *Dios*. Desde el primer capítulo nos sumergimos muy rápida y profundamente y yo no quiero edulcorar ni pasar de puntillas sobre este hecho. Por lo tanto, considérate avisado de que vamos a ir al grano. Creo que los principios contenidos en *Un curso de milagros* tienen la capacidad de transformar tu experiencia profesional, independientemente de cuál sea tu posición y, para transmitir con precisión los principios del *Curso,* he elegido mantener su lenguaje. Esto incluye el empleo de palabras tradicionalmente cristianas, como «Dios», «Cristo» y «Espíritu Santo», aunque descubrirás que el *Curso* emplea estas palabras de maneras marcadamente no tradicionales. —Por favor, consulta la sección de *Preguntas y respuestas* al final del libro para tener más información sobre este tema—.

En cualquier caso, aquí no se te pide que renuncies a tus afiliaciones o tradiciones ni tampoco que adoptes otras nuevas. El objetivo consiste simplemente en usar los principios de *Un curso de milagros* para conectar con una experiencia de sabiduría trascendente y compasión (Amor), que tiene el beneficio añadido de elevar tu profesionalidad y capacidad de liderazgo en el trabajo. Tanto si estás actualmente en un camino espiritual como si no, espero que descubras que puedes integrar estas herramientas en tu camino para potenciarlo.

Amor frente a amor

Conforme vayas leyendo este libro te darás cuenta de que a veces la palabra Amor estará escrita con mayúscula inicial y otras no[2]. Esto no se debe a la torpeza de la corrección, sino que es un intento de ofrecer cierto contexto sobre cuándo nos referimos al amor espiritual (Amor) y cuándo al producto de nuestras propias emociones (amor).

Resumen

He dividido este libro en dos partes: la primera, «Despídete a ti mismo», y la segunda, «Contrata a tu Ser». En la primera parte hablamos de lo que significa soltar tu «yo» —con y minúscula—, del que pronto aprenderás que es el principal obstáculo para la presencia de la sabiduría y la compasión en el mundo de los negocios. Según el *Curso,* uno de los principales impedimentos para el éxito —profesional o de otro tipo— es la creencia errónea de que todos somos «yoes» separados en cuerpos individuales, moviéndonos por nosotros mismos sin ninguna conexión real y sin ningún apoyo. Aprenderás que esto no puede estar más lejos de la Verdad. El *Curso* enseña que el pequeño yo solo es una ilusión, creada y mantenida por lo que denomina el «ego», y destinada a mantenernos empantanados en los pensamientos temerosos y en un largo

---

2. Este principio también es aplicable a otras palabras que encontrarás con mayúscula inicial aquí y también en el *Curso.* Por ejemplo, «yo» hace referencia al cuerpo, mientras que «Yo superior» hace referencia al espíritu, y así sucesivamente.

trecho de relaciones rotas. La primera mitad del libro está estructurada para ayudarnos a reconocer esos momentos en los que el ego está operando de manera muy literal y, por tanto, impidiéndote experimentar una carrera profesional alegre y satisfactoria.

Una vez desenmascarado el ego, en la segunda parte, «Contrata a tu Ser», aprenderás a hacer verdaderos milagros. De manera más específica, esta sección indaga en cómo cambiar tu manera de pensar para que tengas una mayor influencia y liderazgo basados en la presencia, al tiempo que mantienes una profunda y permanente sensación de paz. Aprenderás a reconocer y a conectar con tu guía interno; también aprenderás por qué cada encuentro laboral tiene el potencial de ser sagrado y qué significa realmente dejar que la presencia del Amor «trabaje» a través de ti. Según el *Curso*, además de tu función, esta es la clave de tu alegría y, como veremos, de tu influencia. Como han demostrado los mejores líderes, no existe tal cosa como «encontrar» o «conseguir» el éxito de manera sostenible en el tiempo. *Atraes* el éxito en función de quién eres y de los valores y el carácter que llevas a cada una de tus interacciones. Y puesto que no puedes liderar o motivar a otros con tu yo Real si no lo conoces, la segunda mitad de este libro te llevará a realizar lo que el *Curso* denomina el «viaje sin distancia» (T-8.VI.9:7), donde se te darán las herramientas para aceptar la Grandeza que es tu herencia natural. Al llegar al final de esta sección entenderás cómo cada concepto del *Curso* se ensambla con el siguiente hasta que la definición de lo que es un «milagro en el trabajo» quede plenamente establecida y haya sido vista desde todos los ángulos. Sé que la belleza y elegancia con que las enseñanzas del *Curso* se refuerzan mutuamente te deleitará, como me ocurre a mí, por no hablar de con cuánta profundidad inspiran.

Ejercicios y referencias al *Curso*

Al final de cada capítulo encontrarás una serie de ejercicios de reflexión, llamados «Trabajo con el *Curso*», que están diseñados para ayudarte a implementar inmediatamente los conceptos clave. No tienes que tener una copia de *Un curso de milagros* para beneficiarte de estos ejercicios pero es muy recomendable porque algunas partes del trabajo hacen referencia a pasajes específicos que puedes continuar leyendo.

Además, a lo largo del libro, y en particular en las secciones llamadas «Citas Clave», he tomado frases del *Curso* relacionadas con el material que se aborda en el capítulo. Estas citas incluyen un sistema de numeración que indica dónde se encuentran en la versión de *Un curso de milagros* publicada por la Fundación para la Paz Interior. Estos son algunos ejemplos de cómo leer el sistema de numeración:

Texto-Capítulo. Sección. Párrafo: Frase. Por ejemplo: T-3. IV.7:10

Libro de Ejercicios-parte. Lección. Párrafo: Frase. Por ejemplo: W-pI.169.5:2

Manual-Pregunta. Párrafo: Frase. Por ejemplo: M-13.3:2

Clarificación de Términos-Sección. Párrafo: Frase. Por ejemplo: C-6.4:6

Canto de Oración-Capítulo. Sección. Párrafo: Frase. Por ejemplo: S-2.III:1:1

Mi más profundo agradecimiento a la Fundación para la Paz Interior por darme permiso para usar estas citas.

Una última nota sobre la paciencia

Llevar la espiritualidad a la vida es un empeño gratificante, aunque a menudo resulta complicado y se producen muchos altibajos en el proceso. Por favor, ten paciencia contigo mismo sabiendo que cuando incorporas lo que estás aprendiendo del *Curso* a tu carrera profesional, incluso un «pequeño» progreso es algo grande. No hay necesidad de entender todos los conceptos que comentamos en estas páginas o en el *Curso* de manera inmediata, ahora mismo lo único que tienes que entender es que no echarás a perder ningún momento que pases intentándolo. Cada paso de tu camino espiritual, por pequeño que pueda parecer, contiene una promesa de transformación, porque cada paso te da la oportunidad de ver que ya no caminas solo.

Si quieres acceder a otros contenidos gratuitos para potenciar tu viaje con el *Curso* y tu carrera profesional, por favor visita www.miraclesatworkbook.com.

Primera parte

Despídete a ti mismo

Todo lo que es verdadero es eterno
y no puede cambiar ni ser cambiado.
El espíritu es, por lo tanto, inalterable porque
ya es perfecto, pero la mente
puede elegir a quién desea servir.
T-1.V.5:1-2

No solo fuiste plenamente
creado, sino que fuiste
creado perfecto.
No existe vacuidad en ti.

T-2.I.1:3-4

La perfección no es cuestión de grados

Cuando mi primer hijo tenía dieciocho meses, tuvimos que hacerle pruebas para ver si era autista. Desarrollaba sus habilidades motoras con lentitud, tenía molestos problemas sensoriales y, a pesar de que sus compañeros de juegos ya estaban empezando a enlazar algunas frases básicas, la única palabra que él podía decir era «hola». Era, literalmente, lo único que decía una y otra vez a lo largo del día:

—Hola.

—Hola.

—Hola.

Como no tenía respuestas, finalmente el pediatra nos envió a un psicólogo, que le realizó una serie de pruebas.

¿Acepta ayuda para resolver los rompecabezas?

¿Puede transitar hacia nuevas actividades sin aferrarse a las anteriores?

¿Se siente muy molesto cuando se le retiran los juguetes?

Hay pocas cosas más inquietantes que esperar impotentemente al margen hasta recibir el diagnóstico de tu hijo. En cualquier caso, después de semanas de preocupación, nos dijeron que nuestro hijo iba a estar bien:

—Parece estar interesado en desarrollar relaciones —dijo el psicólogo—. Los niños autistas tienen dificultades con las habilidades interpersonales y en casos extremos no pueden ver la diferencia entre una persona y un objeto, como una silla.

Como *coach* y orientadora de la carrera profesional, estas preguntas me resultaron paradójicas, puesto que describen con precisión la mayoría de los problemas que mis clientes suelen tener en el puesto de trabajo. Aunque me sentí aliviada porque las pruebas habían salido bien, admito que aquel día me fui pensando que sería un experimento fascinante aplicar aquellas mismas pruebas que habían hecho a mi hijo en la consulta a los profesionales en su puesto de trabajo.

¿Cómo colaboramos para resolver los rompecabezas?

¿Cómo transitamos hacia nuevas experiencias sin aferrarnos a las anteriores?

¿Cómo reaccionamos cuando nos quitan nuestros «juguetes»?

Es extraño que la ausencia de interacciones significativas sea considerada una enfermedad en los niños y que a menudo se considere un punto fuerte en los adultos. Si alguna vez un jefe o un compañero de trabajo te ha tratado con la misma consideración que a una silla de la oficina, sabrás exactamente a qué me refiero. Para conseguir el éxito en el mundo de los negocios se necesitan «la piel dura» y «resolución», lo que a veces se asocia con estar emocionalmente castrado, y se nos dice que cualquier otra cosa es ser «blando». Lo peor es que nos lo creemos.

Esto nos ha llevado a desarrollar culturas laborales donde los compañeros tienden a verse mutuamente menos como seres humanos y más como objetos situados en el camino hacia nuestro objetivo. Por fortuna, también hay un esfuerzo valiente por enderezar la nave a través del campo relativamente nuevo de la inteligencia emocional —que trata de tomar conciencia de cuándo son los sentimientos los que impulsan nuestra conducta en lugar de la razón—, y sin embargo la inteligencia emocional, como se la suele llamar, no es la totalidad del asunto. Aunque no cabe duda de que se necesita inteligencia emocional para establecer relaciones armoniosas a largo plazo en todos los aspectos de la vida, incluyendo el trabajo, hay otra forma de inteligencia que es igualmente valiosa pero mucho menos conocida: la inteligencia espiritual[3].

---

3. SQ en inglés. (N. del T.)

«Dios no es parcial».[5]

T-1.V.3:2

Por lo tanto, desde la perspectiva del *Curso*, no se trata de ver si Dios está fuera o dentro, porque no hay un «tú» que esté leyendo esto mientras «Dios» está suspendido en los éteres. Solo *Dios* es —punto— y tú estás en la mente de Dios.

Este es el significado literal de «YO SOY» y también se refiere a ello la introducción del *Curso* cuando dice «... aquello que todo lo abarca no puede tener opuestos».

¿Cómo podría haber un opuesto de todo lo que es?

Llevando esto un paso más allá, si miras ahora mismo a tu alrededor en la habitación es posible que te preguntes: ¿Cómo es posible que Dios esté por doquier y absolutamente en ninguna parte al mismo tiempo? Esto, evidentemente, nos devuelve a la pregunta original: ¿Qué es Dios? ¿Es energía? ¿Es una persona? ¿Una fuerza? ¿Todo lo anterior?

El Nuevo Testamento de la Biblia nos ofrece una respuesta que simplemente indica: «Dios es amor» (Juan 4:8). El *Curso* dice lo mismo, aunque con una advertencia notable. El *Curso* describe a Dios como amor *incondicional* y añade que *no existe nada más*. Como dice la introducción:

Este curso puede, por lo tanto, resumirse muy simplemente de la siguiente manera:

Nada real puede ser amenazado.
Nada irreal existe.
En esto radica la paz de Dios

De modo que, recapitulando:

---

5. En este caso, la traducción oficial dice: «Dios es imparcial», pero, como consideramos que cambia el sentido de lo que se quiere indicar, hemos decidido mantener una traducción más cercana al original «God is not partial».

Dios *es*.

Ese *es* es Amor.

Amor es *todo* lo que hay.

Detengámonos un momento aquí y consideremos cómo se relaciona esto con tu profesión. En esencia, si cambias tu definición de Dios de «un ser divino que mira hacia abajo desde el cielo para juzgarte» a «la energía universal e informe del Amor que se halla en toda vida», esto también debería cambiar *tu definición de ti mismo*. «Toda vida» te incluye también a ti, ¿cierto? Por lo tanto, el camino de *Un curso de milagros* consiste en reconocer que tú no solo *compartes* perfecto Amor, sino que ERES perfecto Amor junto con todos los demás.

> **«El espíritu está eternamente en estado de gracia.**
> **Tu realidad es únicamente espíritu.**
> **Por lo tanto, estás eternamente en estado de gracia».**
>
> T-1.III.5:4-6

Cuando comprendes esto plenamente, se hace imposible que vuelvas a aproximarte a tu trabajo de la misma manera. Como ejemplo diremos que «Martínez, de operaciones», ya no es ese tipo que se sienta al fondo y tiene una personalidad irritante a más no poder. El cambio de la interdependencia al ser compartido (interser) es el cambio de saber que Martínez trabaja contigo al saber que él eres tú, lo que significa que dejas de ver su bienestar como algo separado del tuyo. A propósito, esto no es algo que hagas para ser bueno o altruista. Es la perspectiva que surge de manera natural cuando tu inteligencia espiritual crece hasta el punto en el que *sabes* que el Amor está presente en vosotros dos, más allá de lo que tus ojos pueden ver. Además, el *Curso* dice que hasta que no veas este Amor en él, *no podrás verlo en ti mismo*.

Esto es lo que hace que la inteligencia espiritual sea un superpoder tan grande en la oficina. Simplemente imagina la sensación de calma y compostura que podrías llevar a tu trabajo, y la influencia que conseguirías como resultado, si fueras capaz de elevarte por encima de todas las diferencias y los desacuerdos humanos simplemente reconociendo la «realidad del espíritu» que compartimos *antes* de emprender cualquier acción.

Está claro que no tienes que contar esta percepción ni expresarla con palabras a cualquier otra persona del trabajo y, una vez más, ni siquiera tienes que llamar «Dios» al Espíritu que estamos describiendo aquí. Puedes llamarlo «amor», «luz» o «dignidad humana» o podríamos usar el lenguaje de Buda: «Luminosidad interna». Desde la perspectiva del *Curso,* lo importante no es el lenguaje que uses, sino que veas este Espíritu en todo y que sepas que es perfectamente pleno en todos. Como se dice en el texto:

«...la perfección no tiene grados».

T-2.II.5:7

Este es el primer principio que debes entender si quieres conseguir el máximo de las enseñanzas del *Curso:* perfecto en *uno* significa perfecto en *todos.* En otras palabras, el Amor en ti y en todos los demás —el estado espiritual de gracia— no puede ser perfecto en algunos y tener fallos en otros. Por lo tanto, el Amor no puede ganarse a través de ninguna práctica o afiliación religiosa específica, y tampoco se estira y se encoje en función de lo que haces o dejas de hacer. Perfecto no significa *casi* perfecto. Perfecto significa perfecto.

Evidentemente, el problema es que la perfección espiritual es totalmente invisible para nosotros sin nuestros superpoderes de la inteligencia espiritual. Y esto significa que, a menos que afinemos intencionalmente estas habilidades, seguiremos yendo por la vida viendo únicamente lo que nuestros ojos nos dicen que es verdad y perdiéndonos la verdad subyacente *más verdadera.* Y lo que es peor, ni siquiera sabremos que deberíamos buscarla. A esto se refiere el *Curso* cuando dice: «Déjame reconocer el problema para que pueda ser resuelto» (L-p.I.79). Si no sabemos cuál es el problema, ¿cómo podríamos llegar a resolverlo?

La idea que se nos está ofreciendo aquí es que nuestro problema real no es la miríada de retos que hallamos habitualmente en nuestro ámbito laboral. Nuestro problema real —de hecho, el *Curso* diría que es nuestro *único* problema— es que no hemos cultivado la inteligencia espiritual que necesitamos para ver el Amor en nosotros mismos y en todos los que nos rodean. Consecuentemente, como no sabemos quiénes somos ni quiénes son ellos, no sabemos conectar con nuestra inteligencia espiritual cuando la necesitamos, como, por ejemplo, cuando una relación con un compañero amenaza con romperse. En consecuencia, esto genera un efecto dramático en nuestra vida laboral y consideramos que el drama mismo es el problema y no nuestros pensamientos, que son los que lo han causado.

En el capítulo siguiente exploraremos la visión del *Curso* sobre lo que está detrás de nuestros pensamientos más problemáticos y también cómo bajarles el volumen definitivamente. Entre tanto, este es un ejercicio que te ayudará a encontrar la Gracia, que según el *Curso* es nuestro verdadero hogar… Exactamente aquí y ahora.

TRABAJO CON EL *CURSO* No eres quien crees ser

Hace un tiempo asistí a un encuentro en la Iglesia de la Unidad donde la oradora invitada, una mujer que llevaba más de dos décadas estudiando el *Curso,* nos propuso la meditación siguiente. La comparto aquí porque la encontré particularmente valiosa para trascender del yo físico que experimentamos en nuestro cuerpo al Yo espiritual, del que hemos estado hablando en este capítulo.

Para empezar, por favor siéntate en una postura cómoda, con las piernas cruzadas en el suelo o en una silla, manteniendo la columna erguida. Si te resulta conveniente, te recomiendo que apagues o bajes las luces, que pongas tu música instrumental favorita y que te sientes en silencio durante unos pocos minutos a fin de preparar la mente para un estado interno más reflexivo.

Mientras mantienes los ojos cerrados, toma el dedo índice y el pulgar de una mano y úsalos para pellizcarte cualquier dedo de la otra mano con la fuerza suficiente como para sentir un dolor intenso. Debes apretar hasta dejarte las uñas marcadas en la piel pero no tanto como para rasgarla, evidentemente. Al soltar, date cuenta de que el dolor que sientes está en tu dedo, mientras que tu experiencia del dolor está siendo filtrada a través de la mente. Ahora piensa en quién eres «tú» en esta situación. ¿Eres el dedo, el dolor o los pensamientos? El beneficio de este experimento es que demuestra que «tú» no eres ninguno de ellos. Tú no eres el dedo, porque podrías perder los diez dedos y seguir vivo. No eres el dolor, porque el dolor solo es una sensación causada por los nervios y receptores del cuerpo. Y, finalmente, tú no eres tus pensamientos, porque solo son burbujas que brotan en la mente; en un momento estás pensando que te duele el dedo y al siguiente ese pensamiento desaparece para siempre.

Entonces, *¿quién eres tú?* Desde la perspectiva del *Curso,* eres el perfecto estado de Gracia más allá de la mente pensante. En otras palabras, «tú» eres la conciencia misma y tu cuerpo es algo que está ocurriendo *dentro de ti,* en lugar de considerar que «tú» es algo que está ocurriendo dentro de tu cuerpo.

Ahora bien, la razón por la que esto es importante en el puesto de trabajo es que cuando entiendes que «tú» eres mucho más grande, genial y expansivo que tu trabajo, esto tiende a producir una profunda sensación de paz y propósito que puedes llevar contigo al entorno laboral. Esta es la perspectiva de la inteligencia espiritual, porque cuando sabes lo que es eterno y verdadero con respecto a ti mismo y a todos los demás —el ser compartido o *interser*—, lo pasajero y lo falso ya no te lleva por la calle de la amargura como, por ejemplo, las emociones que surgen en ti cuando un proyecto se descontrola.

Siguiendo por esta línea, el espacio al que accedes al hacer este experimento es el proverbial «espacio entre el estímulo y la respuesta», donde habita nuestro poder de decisión. Después de todo, ¿qué se supone que tienes que elegir en esos momentos en los que hay que tomar decisiones? Tienes que elegir el *Yo Superior*.

Por lo tanto, el espacio con el que has conectado al reconocer que «tú» no eres tu cuerpo, que «tú» no eres tu dolor y que «tú» no eres tus pensamientos es el espacio de sabiduría y compasión. Esta es la clave de la meditación: atraer hacia abajo, al nivel de la experiencia directa, la Gracia que según el *Curso* es «nuestra herencia natural». Cuando haces esto bien y de manera consistente, tus compañeros de trabajo no pueden evitar ver cómo creces en madurez y liderazgo.

Sin embargo, tú experimentarás este crecimiento por su verdadero nombre: Amor.

CITAS CLAVE

- «El Ser que Dios creó no necesita nada. Está eternamente a salvo y es eternamente íntegro, amado y amoroso». (Del prefacio del *Curso*, ¿Qué postula?).

- «Puedes esperar, demorarte, paralizarte o reducir tu creatividad a casi nada pero no puedes abolirla». T-1.V.1:5-6.

- «Tu Ser no necesita salvación pero tu mente necesita aprender lo que es la salvación». T-11.IV.1:3.

- «El universo del amor no se detiene porque tú no lo veas ni tus ojos han perdido capacidad de ver». T-11.I.5:10.

¿Qué es el ego? El ego no es nada pero se manifiesta de tal forma que parece ser algo.

C-2.2:1-2

El desvío hacia el miedo

Esto es lo que hemos aprendido hasta ahora al aventurarnos en la espiritualidad dentro del ámbito laboral, lejos de los caminos trillados: más allá de la realidad que todos experimentamos dentro de nuestro cuerpo, el *Curso* dice que hay una Realidad —con R mayúscula— que es un estado eterno de Gracia y Amor perfectos. Si bien el *Curso* no intenta analizar ni definir más esta Realidad, dice que podemos acceder a ella en cualquier momento que la elijamos.

Si has hecho el ejercicio Trabajo con el *curso* al final del capítulo anterior, es de esperar que hayas podido sentir que hay una calma en el centro de las tormentas de la vida que puedes invocar cuando la desees. Previamente nos hemos referido a esto como dejar espacio para elegir la sabiduría y la compasión, que es otra manera de decir dejar espacio para nuestro Yo Superior, más espiritualmente inteligente. En el lenguaje de los negocios, el resultado que estamos buscando es *presencia* —lo que significa presencia ejecutiva o presencia de liderazgo—, aunque es importante indicar que la presencia es producto de la inteligencia espiritual, y no al revés.

Esta es la razón por la que tantos programas de desarrollo profesional no llegan a conseguir el cambio cultural que prometen, ya que se enfocan en las estrategias y en las conductas *externas* sin abordar las importantísimas creencias *internas* que las impulsan. Sin duda, esto se debe a que es más fácil enseñar a alguien qué hacer, que enseñarle cómo pensar. Sin embargo, este es precisamente nuestro objetivo aquí: aprender a pensar con sabiduría y compasión. O, usando el lenguaje del *Curso*, aprender a pensar con Amor.

Tú no eres tu cuerpo

Hablando en general, si estar en presencia es tener espacio en la mente para elegir la sabiduría y la compasión, entonces se produce una *falta* de presencia cuando sentimos que este espacio es inaccesible. En consecuencia, cuando no puedes pensar con Amor, no puedes conectar con el Yo Superior y, por lo tanto, no puedes comportante con inteligencia espiritual ni con ningún otro tipo de inteligencia.

En mi trabajo he sido *coach* de cientos de profesionales de muchas procedencias distintas y merece la pena mencionar que hay una cosa que habitualmente parece obstaculizar nuestro liderazgo basado en la presencia. ¿Alguien quiere intentar adivinar de qué se trata? La respuesta es: la falta de respeto percibida. Como probablemente habrás experimentado, no hay nada como sentirse ignorado, menospreciado o directamente confrontado para abrir las puertas del juicio y producir un colapso total de la compostura.

Esta es otra distinción importante que tenemos que hacer entre la inteligencia emocional y la espiritual, porque si aíslas el sentimiento de falta de respeto y lo examinas estrictamente desde el ángulo de la inteligencia emocional, eso te llevará a usar herramientas para regular la estabilidad emocional. Aquí se incluye una combinación de ejercicios de respiración profunda, prestar atención a las sensaciones corporales, orientarse hacia la incomodidad, y así sucesivamente. Todas estas prácticas son importantes a la hora crear el espacio en blanco mental que se necesita para tomar decisiones sabias; sin embargo, no van lo suficientemente lejos para nuestros propósitos porque no penetran en el reino de las creencias[6].

Antes de ahondar más en esta idea, quiero hacer una pausa e indicar que el contraste entre la inteligencia emocional y la espiritual no es un intento de infravalorar la importancia de la

---

6. La mayoría de los programas de inteligencia espiritual desarrollados específicamente para ser enseñados en entornos de negocios están diseñados para no hablar de las creencias en un esfuerzo por evitar el debate religioso. Para saber más sobre este tema, véase el capítulo 7.

inteligencia emocional. La diferencia que quiero apuntar es únicamente que mientras la inteligencia emocional está profundamente atrincherada en el cuerpo —y en particular en la mecánica del cerebro—, la inteligencia espiritual no está relacionada con el cuerpo, en absoluto.

Esto no implica que no debas aprender más sobre tu cuerpo y la neurociencia que explica la conducta humana. De hecho, para abordar las cosas que hacen que actuemos de manera poco profesional, como la percepción de una falta de respeto, resulta extremadamente útil saber, por ejemplo, que un cuerpo estresado envía menos oxígeno a la parte del cerebro encargada de resolver el problema. Esta explicación biológica de por qué tendemos a reaccionar primero y a pensar después es capaz de cambiar nuestra manera de actuar y podemos dar las gracias por ello a la neurociencia.

De modo que, por más importante que sea comprender el cuerpo mientras estamos en él, desde la perspectiva de la inteligencia espiritual y del *Curso*, también es importante saber que tú eres mucho más que un cuerpo. Como vimos en el capítulo anterior, esto implica verte a ti mismo como un ser físico y al mismo tiempo verte como parte de un estado eterno de Amor conectado con la totalidad de la vida.

En el capítulo 1 comenzamos a desarrollar los superpoderes de nuestra inteligencia espiritual planteándonos preguntas que tienen milenios de antigüedad, como «¿Qué es Dios?». Habiendo aprendido que el *Curso* —como muchas otras tradiciones espirituales— describe a Dios como Amor incondicional, dirijamos nuestra atención a por qué no sentimos esta presencia de Amor cada día de nuestras vidas, especialmente en el entorno laboral.

¿Qué nos impide acceder al Amor?

Para responder a esta pregunta, definamos el yo —con minúscula— como los pensamientos y comportamientos asociados con la separación y el egoísmo, que incluyen esencialmente cualquier cosa que mire por nuestros intereses y solo por nuestros intereses. Como regla general, cuando piensas en términos del «yo» y del «mí», te estás refiriendo al yo inferior, puesto que es el que se identifica con tu trabajo, tu nombre, tu cuerpo, etc. No hace falta añadir que esto no implica que el egoísmo sea completamente malo. Después de todo, cierta cantidad de pensamiento centrado en el yo es beneficioso porque es lo que te motiva a recordar la dirección de tu casa, por ejemplo, y a alejarte de los callejones oscuros por la noche. Dicho esto, cuando al egoísmo se le deja crecer como mala hierba en la mente, te quedas enredado en juicios y actitudes defensivas que se basan en si la situación en la que te encuentras funciona *únicamente* para ti. Esto te impide ver el gran cuadro y dificulta mucho la colaboración grupal. En otras palabras, un exceso de «yo» crea un punto ciego que acabará dañando tu reputación en el puesto de trabajo.

Ahora contrastemos esto con el Yo Superior, al que definiremos aquí como los pensamientos y acciones asociados con las ganas de conectar y con una actitud desinteresada y altruista, caracterizada por prestar menos atención al yo. Para nuestros propósitos, esto no significa situar nuestras necesidades por debajo de las necesidades de los demás; más bien, «reducir el yo» describe la condición previa necesaria para experimentar la Gracia, la sabiduría, la compasión y el Amor. Como símil, pensemos en una tubería atascada. Si quieres que el agua (Amor) pase por ella, tienes que desatascarla, lo que en nuestro caso significa quitar de en medio tu «yo» inferior.

Ahora bien, en teoría, como sabemos que tenemos la capacidad de acceder al Yo Superior en cualquier momento que así lo elijamos, debería resultar fácil vivir y trabajar cada día en perfecta paz interna y externa, ¿cierto? Eso estaría muy bien, por supuesto, pero el hecho es que nuestra experiencia, por no hablar de los avances de la neurociencia, demuestra que a menudo nos comportamos con *menos* gracia precisamente cuando más la necesitamos.

¿Por qué?

Amigos, bienvenidos al ego

Si bien no usa exactamente este mismo lenguaje, el *Curso* dice que cuando no puedes acceder a tu Yo Superior es porque has «atascado la tubería» por haber elegido *tus propias percepciones fluctuantes* en lugar de permitir que el Amor perfecto y la conexión fluyan a través de ti. Estas percepciones son lo que el *Curso* llama tu *ego*.

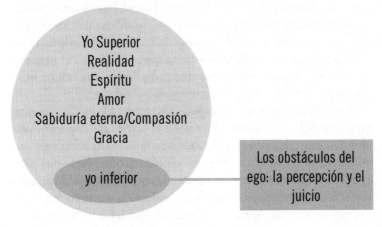

Yo Superior
Realidad
Espíritu
Amor
Sabiduría eterna/Compasión
Gracia

yo inferior

Los obstáculos del ego: la percepción y el juicio

Figura 1
Los juicios del yo inferior crean una barrera que nos impide acceder al Yo Superior.

Cuando oímos la palabra ego en el entorno laboral, suele estar asociada con la arrogancia o con una sensación de importancia completamente inflada: *"Vaya, ese tipo tiene un ego enorme"*. Y si bien es cierto que la arrogancia es una forma del ego, también podemos decir que los obstáculos que el ego pone al Yo Superior son capaces de asumir tantas formas como pensamientos hay en la mente. Déjame repetir esto: *el ego es capaz de tomar tantas formas como pensamientos hay en la mente.*

¿No te parece pavoroso? Ciertamente, y esta es la cuestión.

Puesto que, mientras que el ego solo es un pensamiento, está claro que no es cualquier pensamiento. El ego es el pensamiento de que el Yo

Superior interconectado *no existe,* lo que significa que estás completamente solo en un cuerpo separado que se deteriora, que ha sido creado únicamente mediante la ruleta del ADN. A pesar de que el *Curso* llama a esto una «pequeña y alocada idea» (T-27.VIII.6:2), el trabajo del ego consiste en asegurarse de que a ti te parezca muy real en todo momento.

Dicho de manera simple, si el ego es el pensamiento de que estás separado de Todo lo que es, esto produce de manera natural una relación de *causa-y-efecto* entre el pensamiento del ego y el miedo. En consecuencia, cuanto más desconectado te sientas del Amor, más pensamientos del ego tendrás y, por lo tanto, más miedo tendrás. Este ciclo continúa repitiéndose hasta que, finalmente, el muro de tus propios juicios es tan grueso que tu Yo Superior te resulta inaccesible y a menudo queda completamente olvidado.

Esta es la razón por la que no podemos acceder a la inteligencia espiritual cuando la necesitamos. No es que la Gracia no esté disponible para nosotros, sino que estamos demasiado distraídos por el ruido incesante de nuestra mente agitada y tendemos a enfocarnos en el ruido y no en su causa subyacente. Una vez más, piensa en lo que ocurre cuando percibes que te faltan al respeto en el trabajo y pierdes toda sensación de presencia. Esto ocurre cuando reaccionas basándote en las preocupaciones del yo inferior —¿cómo me afecta esto a mí?—, en lugar de responder con la sabiduría y compasión del Yo Superior —¿cuál es el pensamiento más amoroso que tengo a mi disposición en este momento?—.

Entraremos más en los aspectos específicos de cómo responder al ego en próximos capítulos pero antes quiero responder un par de preguntas que suelen surgir a estas alturas cuando trabajo con profesionales que tratan de incorporar los principios del *Curso* en el ámbito laboral.

¿De dónde viene el ego?

El *Curso* no detalla los orígenes exactos del sistema de pensamiento del ego pero puedo decir que si se mira con la proximidad suficiente, no se tarda mucho en ver que los hábitos tendentes a la división han estado desplegándose en nuestra vida desde el principio mismo. Prácticamente salimos del útero usando la palabra *mío*, lo que significa que desde el momento en que somos capaces de ver el mundo a través de la lente de lo que es «nuestro» y «no nuestro», surge un temor en nosotros —incluso de niños— de que no tendremos suficiente. Estos pensamientos de separación y competición se refuerzan continuamente a medida que crecemos y nos hacemos adultos, lo que no hace sino reforzar el miedo, que a su vez fortalece el ego, que potencia la división hasta que los pensamientos del ego se convierten en lo único que conocemos.

De hecho, mira a tu alrededor y examina cómo estás condicionado para contemplar la separación cada día —separación de género, raza, nacionalidad, religión, estatus económico, partidos políticos, etc.— y después considera cuántos juicios surgen como resultado de estas «diferencias». Procura dedicar todo un día a prestar atención a cuánto de aquello a lo que estás expuesto en la publicidad, en los medios de comunicación, en las noticias —y sin duda en el trabajo— te anima sutilmente, o no tan sutilmente, a culpar, juzgar y compararte con otros. Ahora multiplica esto por el número de días que llevas vivo y podrás dejar de preguntarte por qué nos hemos vuelto tan competitivos y estamos tan desconectados.

¿Es el ego lo mismo que «el diablo» o «el mal»?

Teniendo en cuenta lo destructivo que puede ser el pensamiento del ego, es posible que asumas que se trata de algún tipo de siniestro «diablo» externo o de una fuerza «maligna» que está operando en el mundo. Desde la perspectiva del *Curso*, el diablo no existe: nada Real puede ser amenazado y nada irreal existe, ¿recuerdas? Sin embargo, el *Curso* reconoce que la profundidad de nuestra *creencia* en el ego hace que actuemos de maneras malvadas.

«La mente puede hacer que la creencia en la separación sea muy real y aterradora, y esta creencia es lo que es el "diablo"».

T-3.VII.5:1

Esto es importante para nuestros propósitos porque significa que el «infierno» no es algo que se guarda para cuando muramos; es algo que *estamos eligiendo experimentar aquí y ahora*. En otras palabras, el *Curso* dice que con cada pensamiento de separación carente de amor, con cada juicio y con cada oportunidad perdida de conectar con el Yo Superior traes el infierno al presente, donde se convierte en tu experiencia directa.

Como ejemplo, piensa en un momento de tu vida en el que la ira, el juicio o el miedo fueron tan intensos y rabiosos que te sentiste completamente fuera de control. ¿Qué estaba pasando por tu mente en esos momentos? ¿Cómo te sentías contigo mismo? ¿Cómo te comportaste en consecuencia y qué impacto tuvo tu comportamiento en los que te rodeaban?

¿No es esto *el infierno*?

Ahora considera el hecho de que los científicos estiman que tenemos, como media, cincuenta mil pensamientos al día y hasta doscientos mil pensamientos diarios cuando estamos bajo presión. Si definimos al ego como un pensamiento de miedo, entonces, ¿qué porcentaje de estos pensamientos usamos para crear o reforzar nuestro propio sufrimiento? Y siguiendo por esta línea, estoy segura de que podemos asumir que ese drástico aumento de pensamientos cuando estamos bajo presión no se debe a que repetimos mantras. Lo más probable es que estemos rumiando pensamientos inútiles sobre las cosas que nos están estresando.

El simple hecho de saber que tenemos, al menos, cincuenta mil pensamientos al día debería ser razón suficiente para no identificarnos demasiado con ninguno de ellos y, sin embargo, lo hacemos, para nuestra infelicidad personal y colectiva. Una vez más vuelvo a preguntar: ¿No es esto *el infierno*?

Si estás de acuerdo, ya es hora de que nos responsabilicemos de lo que está ocurriendo dentro de nuestra propia mente. En otras palabras, el diablo no nos obligó a hacerlo. Los que lo hicieron fueron *nuestros propios pensamientos de miedo*. Los pensamientos causados por heridas profundas, inseguridades, culpas, vergüenzas, celos, juicios y deseos de poder que atascan nuestra mente y nos impiden acceder a la Gracia. Evitar, negar o culpar de estos pensamientos a una fuerza maligna o a un planeta retrógrado no hace que desaparezcan. De hecho, además, eso no funciona, es más, hace empeorar la situación: el *Curso* dice que los pensamientos que tratamos de esconder o evadir suelen ser los que más nos acechan. Como reza el dicho: *Aquello a lo que nos resistimos, persiste.*

¿Cómo librarse del ego?

A la hora de desmantelar el ego, el primer paso consiste en entender que, como cada experiencia comienza con un pensamiento, para cambiar tu experiencia has de empezar por cambiar lo que piensas de ella. Por ejemplo, digamos que tienes un trabajo que no te gusta especialmente pero lo haces porque te permite pagar las facturas, te ofrece un seguro de salud y —para ser más precisos—, por el momento, no dispones de otra opción mejor. En esta situación, un ego descontrolado aprovechará cualquier oportunidad para hacer que cada día sea completamente desdichado, manteniéndote así en el «infierno».

Del mismo modo, ¿qué tipo de experiencia crees que tendrás con pensamientos como estos?

«Este lugar es una pocilga».

«Detesto a todos los que están aquí».

«Estoy perdiendo el tiempo».

«Estoy atascado».

Ahora imagina tu día con otros cincuenta mil pensamientos de este tipo. Con toda probabilidad llegarás al trabajo enfadado, incluso antes de pasar por la puerta, alienarás a todos los que te rodean y, en consecuencia, te sentirás aún más solo e infeliz. ¿Puedes ver aquí la espiral del ego? En cambio, si te responsabilizas de tu manera de pensar, descubres que puedes estar exactamente en la misma situación teniendo *una experiencia completamente distinta de ella*, dependiendo de si la estás mirando con la lente del ego o con la lente de la inteligencia espiritual.

El ejercicio siguiente es un primer paso espectacular en este proceso porque te ofrece un marco desde el que observar y nombrar los obstáculos más comunes que nos mantienen atascados en el pequeño yo. En próximos capítulos daremos pasos para despejar estos bloqueos y continuar nuestro camino con el *Curso*.

TRABAJO CON EL *CURSO* ¿Dónde están tus pensamientos?

«Puesto que el sano juicio juzgaría irrevocablemente contra él, el ego lo tiene que eliminar en aras de su propia supervivencia».

T-4.V.1:6

Esta es una herramienta muy práctica que uso con mis clientes en el programa Ejecutivo Despierto: Sabiduría en el Trabajo, diseñado para ayudar a los componentes del grupo a ser honestos con respecto al tipo de pensamientos que dominan su mente. La idea es muy simple: lo único que tienes que hacer es llevar contigo el cuadro siguiente durante al menos todo un día —lo ideal es entre tres y cuatro días— y, cuando te observes teniendo un pensamiento en uno de los cuatro cuadrantes que se ofrecen, toma nota de él poniendo un punto en esa área. Si quieres una versión imprimible de esta herramienta, visita miraclesatworkbook.com.

Recuerda que este ejercicio es para hacerlo a lo largo de todo el día, no solo el tiempo que estás en el puesto de trabajo, porque te resultará revelador observar si tus pautas de pensamiento habituales cambian en distintos entornos. ¿Te muestras más emocional en el puesto de trabajo pero estás más enfocado en el futuro cuando estás en casa, o viceversa? ¿Te llevas el trabajo a casa y permites que te distraiga de estar plenamente presente? ¿Llevas tu vida personal al trabajo? En general, ¿qué dice este experimento de tu estado mental más habitual?

Date cuenta de que al poner los puntos no se te está pidiendo que analices nada; es importante recordarlo. Tanto si el experimento dura un día como una semana, lo único que tienes que hacer es evaluar rápida y sinceramente dónde están tus pensamientos durante ese periodo de tiempo. Hacerlo no debería llevarte más de unos segundos pero es importante que lo practiques de manera consistente. También es importante que no te obligues a pensar de cierta manera para manipular los resultados. Este ejercicio es solo para ti y cuanto más honesto seas, más te beneficiarás del proceso.

Después de rellenar la hoja durante al menos veinticuatro horas, deberías ser capaz de conectar —literalmente— los puntos y de visualizar dónde estás atascado y dónde te aferras al temor y a las creencias limitantes. Por ejemplo, si estás experimentando mucho enfado o decepción, podría deberse a que estás viendo el presente a través del filtro del pasado. Asimismo, si estás experimentando un exceso de pensamientos o impaciencia, podría deberse a que estás preocupado por el futuro y ansioso por las cosas que no puedes controlar.

Independientemente de lo que aprendas de este ejercicio, recuerda que el propósito del *Curso* es entrenar la mente a pensar con Amor y que el Amor comienza contigo mismo. Esto significa que si tienes más puntos en el pasado, en el futuro o en los cuadrantes emocionales —como le ocurre a la mayoría de la gente—, por favor, no dejes que eso te sirva de excusa para juzgar tu competencia profesional o tu progreso espiritual. Más bien, deja que te sirva como un suave recordatorio de las áreas donde tu yo inferior tiene que hacerse a un lado, sabiendo que ni siquiera podrías haber llegado hasta aquí si no hubieras tenido la valentía de mirar. De modo que vamos a empezar.

Pasado —«Si hubiera...»—

Pon un punto en este cuadrante cada vez que te descubras sintiendo cualquier tipo de enfado, culpa o una emoción relacionada con algo que ya ha ocurrido. Esto incluye repasar repetidamente sucesos pasados, tener «resentimientos» —como juzgar a una persona en el presente por su conducta del pasado— o desear que el pasado hubiera sido diferente, para que tu presente fuera «mejor».

TOTAL

Futuro —«Y si...»—

Pon un punto en este cuadrante cada vez que te descubras sintiéndote ansioso sobre cosas que aún no han ocurrido. Esto incluye preocuparse por el futuro de tus finanzas, tu carrera profesional, tu salud, tu familia, cualquier cosa que haga que tu mente se proyecte hacia delante y se sienta nerviosa por lo que podrías encontrar allí.

TOTAL

Emocional

Pon un punto en este cuadrante cada vez que te descubras dando vueltas en una reacción emocional sobre algo que está ocurriendo ahora mismo. Esto incluye sentimientos de ira hacia una persona particular, frustración hacia una situación específica o simplemente inquietud con respecto a las circunstancias de este momento.

TOTAL

Estratégico —«¿Qué se puede hacer ahora?»—

Pon un punto en este cuadrante cada vez que te descubras «aferrándote a los hechos». Esto significa separar los datos de cualquier emoción o juicio y buscar soluciones a los sucesos del día con calma y con lógica.

TOTAL

¿Durante cuánto tiempo has practicado este ejercicio —un día, dos días, cinco días, etc.—?

_____

_____

¿En qué cuadrante has puesto más puntos?

_____

_____

¿Qué te dicen tus actuales patrones de pensamiento con respecto a dónde están los potenciales bloqueos que te impiden acceder a la Gracia?

_____

_____

CITAS CLAVE

• «Tu negación no cambió en nada lo que eres. Pero tú has dividido tu mente en dos partes: una que conoce la verdad y la otra que no». L-pI.139.5:3-4.

• «Tu mente puede estar poseída por ilusiones pero el espíritu es eternamente libre». T-1.IV.2:8.

• «Los pensamientos no son ni grandes ni pequeños ni poderosos ni débiles. Son simplemente verdaderos o falsos. Aquellos que son verdaderos crean a su semejanza. Aquellos que son falsos fabrican a la suya». L-pI.16.1:4-7.

- «Tú no justificarías un comportamiento demente por tu parte diciendo que no pudiste evitarlo. ¿Por qué, entonces, condonas pensamientos dementes?» T-2. VI.2:2-3.

- «El ego surgió como resultado de la separación y la continuidad de su existencia depende de que tú sigas creyendo en la separación». T-4.III.3:2.

Primero miramos en nuestro interior y decidimos qué clase de mundo queremos ver; luego proyectamos ese mundo afuera y hacemos que sea real para nosotros *tal como lo vemos.*

Prefacio del *Curso*, ¿Qué postula?

3

INTELIGENCIA ESPIRITUAL
La proyección crea la percepción

Ahora que sabes más de lo que es el ego —a saber, un pensamiento de miedo que surge cuando nos sentimos desconectados del Amor—, vamos a examinar más de cerca lo que el ego hace. En los próximos tres capítulos vamos a examinar las tres maneras principales en que el pensamiento del ego bloquea el acceso a tu Yo Superior/inteligencia espiritual, impidiéndote acceder a la sabiduría y a la compasión en el trabajo. A medida que continuamos recorriendo el amplio marco metafísico del *Curso* y aplicándolo a nuestra carrera profesional, es importante que conozcamos cuáles son estos hábitos y patrones del ego para poder reconocerlos cuando surjan en nuestra mente. Una vez más, aunque el ego no es más que un pensamiento, si se lo permitimos será un pensamiento capaz de impulsar un comportamiento absolutamente desacertado.

Una moneda por saber lo que piensas

Para empezar, echa una mirada a la hoja del ejercicio «¿Dónde están tus pensamientos?» que hemos hecho en el último capítulo. Imagina que tienes que sostener una moneda sobre los hombros por cada pensamiento del ego con respecto al pasado, el futuro o por cada pensamiento emocional que has incluido en la lista. Por ejemplo, si tienes treinta puntos que reflejan algún tipo de pensamiento del ego, eso significa que tienes que sostener treinta monedas.

Ahora asumamos que mañana tienes otra ronda de pensamientos del ego y, por tanto, tienes que sostener otras treinta monedas. Al día siguiente recoges treinta más y otras treinta al día siguiente, hasta que lo que comenzó como una tarea bastante fácil se convierte en algo totalmente insoportable. Finalmente, llegas a un punto donde esa carga de peso extra lo consume todo y ya no puedes pensar en nada más.

Entonces, ¿qué haces? Naturalmente vas a intentar librarte de las monedas, y esto es precisamente lo que hacemos con las monedas «reales» de nuestro ego. En otras palabras, antes o después, esos pensamientos temerosos simplemente se vuelven demasiado pesados para seguir guardándolos para nosotros mismos.

Entrar en la proyección

En el *Curso,* la principal arma del ego para mantener el miedo fuera de tu mente es la proyección, que en esencia significa situar la responsabilidad de tus propios pensamientos y acciones en algo externo y, por tanto, lejos de tu control directo. La idea que aquí se presenta es que si te sitúas en la posición de «sufrir» los efectos causados por otras personas o por las circunstancias, te libras de examinar que tu propio pensamiento es la causa de cualquier cosa que te ocurra en la vida.

Tomar conciencia de tus proyecciones es un tema importante en el *Curso,* hasta el punto de que llega a afirmar que todo lo que ves es «la imagen externa de una condición interna», (T-21.In.1:5). Veamos un ejemplo: puedes pensar que estás experimentando una sensación de ira debido a algo que te está ocurriendo, pero el *Curso* dice que en realidad estás enfadado porque el enfado *viene de* ti. Estás tratando de evitar tus propios pensamientos de enfado, proyectándolos en algo «externo». Pero como en sentido espiritual el «fuera» no existe, en realidad solo estás haciendo circular la energía del enfado en lugar de disolverla completamente.

Esta es la razón por la que el *Curso* dice que no puedes resolver un problema hasta que reconozcas cuál *es* el problema. Hasta que no entiendas que el verdadero problema es el temor en tu propia mente, seguirás buscando las soluciones fuera, en el mundo, y te preguntarás por qué nada cambia nunca.

Cómo reconocer los pensamientos proyectivos

Ahora que sabes qué es la proyección, el paso siguiente es saber cuándo estás haciéndola. Evidentemente, como la proyección es un producto del pensamiento, puede tomar un número ilimitado de formas. Dicho esto, la buena nueva es que todas las proyecciones pueden resumirse esencialmente en una de estas dos ciénagas mentales:

Estoy (emoción) debido a (insertar suceso).

o bien,

Yo (decidí esto) debido a (insertar el comportamiento de otra persona).

Para darte algunos ejemplos de la proyección en acción, he aquí una pequeña muestra procedente de mis clientes de *coaching* a lo largo de los años:

Envié aquel email airado *porque* ella me recortó el presupuesto.

Fui rudo en aquella reunión *porque* antes él había sido rudo conmigo.

Asalto el frigorífico por la noche *porque* estoy despierta respondiendo *emails*.

¿Ves que la segunda parte de la frase no conecta necesariamente con la primera? Por ejemplo, la clienta que asalta el frigorífico supone que su comportamiento *es el resultado* de quedarse despierta hasta tarde, pero eso no es verdad. Si lo fuera, entonces todo el mundo que se queda despierto hasta esa hora tendría la misma compulsión. Asimismo, tampoco es cierto que todos los que reciben un recorte presupuestario envían de manera automática un email airado, etc.

Las conclusiones a las que se llega en estas frases es que los *sentimientos y las conductas* que se reflejan en la primera mitad de la frase están vinculados con el *significado proyectado* en la segunda mitad. Aquí es donde las herramientas que has aprendido hasta ahora pueden ser muy valiosas. Conforme empieces a entender la relación, a menudo engañosa, que mantienes con tus propios pensamientos, serás capaz de separar mucho mejor los hechos de una situación de las emociones asociadas a ella. Retirar la emoción es lo que ahonda en tu capacidad de estar presente en el momento y eso es lo que abre espacio en tu mente para tomar decisiones más sabias y compasivas.

La trampa feliz

Al hablar de proyección, es importante indicar que, según el *Curso,* es igual de fácil —e igualmente peligroso— proyectar la felicidad como lo es proyectar la ira o la tristeza. Esto significa que si tu capacidad de ser feliz depende de otra persona o de una condición externa, entonces, aunque ahora todo te vaya bien, esta circunstancia actual sigue estando residida por el ego, puesto que siempre tendrás miedo de que lo que te «completa» te pueda ser arrebatado en cualquier momento.

Recuerda: la presencia del miedo *es* el ego y, más específicamente, el pensamiento de separación. Por lo tanto, tú puedes —y deberías— sentirte superfeliz por los preciosos regalos que has recibido en tu vida —un hijo precioso, un trabajo estupendo, una pareja genial—, pero si haces que cualquiera de estas cosas sea la fuente de tu alegría, estás preparando el terreno para vivir una montaña rusa emocional. Esto se debe a que cada momento que haga estallar de dicha tu corazón irá acompañado de otro momento de pánico igualmente intenso que te partirá el corazón, tanto si eres consciente de ello como si no. Este pánico es el resultado del miedo que surge al saber a un nivel muy profundo que aquello de lo que dependes para tu felicidad algún día será separado de ti.

En el trabajo, este tipo de proyección a menudo se manifiesta como competición e inseguridad. Por ejemplo, es posible que celebres el momento de cerrar un trato, pero en alguna parte, en el fondo de tu mente, sabes que siempre habrá detrás de ti alguien muy prometedor que el día de mañana recibirá toda la atención. Consecuentemente, sigues persiguiendo tu propia vida: siempre estás corriendo hacia el próximo objetivo y siempre estás centrado en cómo se te ve desde «fuera». Si esto te suena familiar, de lo que estás huyendo es del miedo, tanto si dicho miedo se manifiesta como un rumor sordo bajo la superficie o como una rabia monstruosa. En cualquier caso, cuando lo sientas, harás todo lo posible por librarte de él.

Crear aquello de lo que te defiendes

Está claro que si proyectar es depositar la responsabilidad de tu dolor o de tu felicidad en algo externo, entonces, de manera natural, has de mantener cierta actitud defensiva para sentirte «seguro». Después de todo, tienes que defenderte de lo que crees que puede dañarte y proteger lo que más quieres. Con el tiempo, esta necesidad de mostrarte protector en ambos frentes se convierte en una especie de armadura —o una pesada bolsa llena de monedas— y, paradójicamente, como dice el *Curso,* es la propia actitud defensiva la que crea una necesidad aún mayor de defenderte.

Piensa en la última vez que tuviste un encontronazo con algún compañero de trabajo. Es probable que en algún momento, en medio de la conversación, uno de vosotros se pusiera a la defensiva, lo que hizo que el otro se pusiera más agresivo, e inmediatamente notaste que había tensión. Intelectualmente, todos entendemos que estas situaciones no son útiles pero tienden a producirse con mucha rapidez, antes de que tengamos tiempo de procesarlas.

De todos modos, una manera rápida de pillarte a ti mismo en la proyección —particularmente durante discusiones acaloradas— es darte cuenta de que tu objetivo en esa situación es *ganar la discusión,* en lugar de encontrar un espacio para la compasión y la sabiduría. Después de todo, si partes de una actitud egótica de separación, crees que para que tú puedas «ganar», la otra persona tiene que perder. Esto significa que, incluso si finalmente consigues lo que deseas, es una victoria que no podrás saborear por mucho tiempo, porque el ataque solo genera más resentimiento y más ganas de desquitarse en todos los bandos. Como dice el *Curso*, en realidad estás *creando* aquello de lo que tratas de defenderte. ¿Es esto *fuerza?* En el mundo, tal vez, pero recuerda: estamos invocando un Amor que viene de más allá de este mundo.

TRABAJO CON EL *CURSO* Deshacer la proyección

«Respondes a lo que percibes y tal como percibas así te comportarás».

T-1.III.6:1

Hace años escuché a un orador que estaba siendo cuestionado por una mujer del público, que se quejaba de que se sentía completamente atascada en su carrera profesional. Lo que me llamó la atención fue que cada vez que el conferenciante le sugería una posible actuación o un camino de avance, la mujer encontraba inmediatamente la manera de anularlo.

Ya he probado eso.
Eso no funcionaría nunca.
Mi jefe no me dejaría.
Mi marido no me apoya.

Finalmente, el conferenciante le dijo: "No es que no sepas qué hacer, sino que no estás preparada para apropiarte completamente de lo que sabes".

Fue una respuesta brillante porque va directamente al núcleo de por qué elegimos los pensamientos de proyección del ego, eligiendo así nuestro propio infierno. A veces, no es que no sepamos qué hacer; más bien lo que ocurre es que si actuamos a partir de lo que sabemos, eso nos obligaría a introducir cambios que nos resultarían incómodos. Consecuentemente, nuestro cerebro —que ha evolucionado para mantenernos con vida pero no para actualizar nuestro potencial— interpreta la incomodidad como una amenaza. Así, para preservar nuestra «seguridad», nuestra mente empieza a buscar excusas que justifiquen que aventurarnos en lo desconocido es una mala idea. A propósito, este proceso se produce a la velocidad de la luz, lo que implica que, con frecuencia, lo que en el momento parece un juicio sano, en realidad, es el temor del ego disfrazado. En otras palabras, es otra forma en que el pequeño yo nos corta el acceso al Yo Superior.

La proyección entra en acción cuando sabemos que quedarnos en nuestra situación actual es vivir una vida mucho menor que la que nos sentimos llamados a vivir. De este modo, para justificar nuestra aversión al cambio, encontramos a otra persona o circunstancia a la que culpar de nuestra situación. Esto no funciona, por supuesto, porque una vez más acabamos creando aquello de lo que intentamos defendernos. En el caso de la mujer que hemos mencionado antes, que se sentía atascada en su profesión, su actitud defensiva en torno a sentirse atascada *era exactamente lo que la mantenía atascada*.

Tu reto de hoy consiste en darte cuenta de cómo surge la proyección en tu propia mente y, más específicamente, en darte cuenta de qué ha detonado esta reacción. ¿Dónde estás tratando de aliviar tu incomodidad atribuyendo la culpa a otra persona de tu entorno laboral? ¿Dónde no estás tomando plena responsabilidad por lo que sientes? ¿Dónde estás bloqueado por un exceso de pensamientos que te impide actuar? Por favor, tómate unos momentos para anotar, en el espacio que se provee, lo que se te ocurra acerca de este tema.

CITAS CLAVE

- «No te engañes por más tiempo pensando que eres impotente ante lo que se te hace». T-21.II.2:6.

- «Sufrir es poner énfasis en todo lo que el mundo ha hecho para hacerte daño». T-27.VII.1:1.

- «El ego cree que el poder, el entendimiento y la verdad radican en la separación y que para establecer esta creencia tiene que atacar». T-11.V.13:4.

- «No subestimes la intensidad de la furia que puede producir el miedo que ha sido proyectado». L-pI.161.8:3.

- «Tu Ser no ha dejado de estar en paz, a pesar de que tu mente está en conflicto. Todavía no has retornado lo suficiente, de ahí que tengas tanto miedo». T-3. VII.5:8-9.

Tratar de ser especial es
siempre a costa de la paz.

T-24.II.2:1

4

INTELIGENCIA ESPIRITUAL
Especialismo: el gran dictador de las decisiones equivocadas

Como la ideología de *Un curso de milagros* es nueva para muchos —y la aplicación de sus lecciones al ámbito profesional resulta todavía menos familiar—, vamos a repasar rápidamente los puntos más destacados de nuestro recorrido hasta este momento.

1. La realidad de la unicidad
   Solo es real la parte de nosotros que no puede morir. Esta es nuestra fuente espiritual —definida en el *Curso* como Amor—, que comparten todos los seres vivientes.

2. La percepción de separación
   Habiendo quedado dormidos a nuestra Fuente espiritual, buscamos el amor y la compleción en nuestros cuerpos separados y en el mundo.

3. Miedo y proyección
   Hacer responsables a las condiciones externas de nuestra plenitud interna genera una enorme cantidad de miedo, que tratamos de apartar de nuestra mente proyectándolo en otros. Este miedo —al que el *Curso* llama ego— no hace sino reforzar nuestra experiencia de sufrimiento.

Como puedes ver, las cosas empiezan a irnos mal en cuanto percibimos que nuestra unicidad se ha fragmentado. Esto introduce en nuestra perspectiva la idea de *relación* —después de todo, ahora podemos juzgarnos y compararnos con otros «yoes»— y también introduce el concepto de *carencia*: ¿Quién tiene más? ¿Quién tiene menos? ¿Quién va a conseguir el gran ascenso? ¿Qué se va a quedar atrás? ¿A quién escucha el jefe? ¿Quién está desligado?

Desde la perspectiva del *Curso,* con la separación siempre salimos perdiendo, independientemente de si pensamos que tenemos más o menos, porque el ego siempre se encontrará con nosotros exactamente allí donde estemos. En otras palabras, si creemos que somos «menos que» otra persona, el ego se mostrará como mentalidad de escasez o como sensación de estar incompleto. Asimismo, si creemos que somos «mejores que», el ego se transformará en la sensación de que en cualquier momento podríamos perder lo que atesoramos y esto nos hace volver a caer en brazos del miedo.

En cualquier caso, hemos comprado el mensaje de que todavía no estamos completos. Y para compensar nuestra sensación interna de carencia, a menudo tratamos de usar premios externos que llenen el vacío. En el puesto de trabajo, estos premios incluyen títulos, remuneraciones y aumentos, gestionar los mejores clientes, conseguir la mejor oficina, cerrar los mejores tratos, etc.

Algo especial

En el *Curso,* a cualquier cosa que interponemos entre nosotros y la paz, la sabiduría y la compasión que vienen del Amor —o que usamos como sustitutos de— se le define como *relación especial* o *especialismo.* Como la proyección, el especialismo nos mantiene enfocados en lo de *fuera,* en un esfuerzo por evitar el trabajo interno que se requiere para expresar la verdadera inteligencia espiritual. Como la proyección, el especialismo puede incluir cosas que nos hagan felices —a esto se le llama «amor especial»—, así como cosas que activen nuestras defensas y nuestros juicios —a esto se le llama «odio especial»——. En algunos casos puedes tener amor especial y odio especial hacia la misma cosa, como en el caso de una relación personal o profesional que se haya agriado. Al principio, esa persona era tu «salvadora» pero después se convierte en la diana de tus dardos.

El especialismo puede ser particularmente peligroso en lo tocante a tu profesión porque, si asocias tu sentido de identidad y tu plenitud con lo que ocurre en el ámbito laboral, entonces, por definición, estás enganchándote a una «fuente» que cambia constantemente. *¿Has cumplido con tu objetivo de ventas o no? ¿Has conseguido el ascenso o no? ¿Le gustas al jefe o no?* Estos pensamientos te mantendrán atado a la montaña rusa emocional de sentirte contento un momento y ansioso al siguiente, afectando a tu forma de interactuar con los demás y, por tanto, a la calidad de tus relaciones y a tu reputación en el puesto de trabajo y más allá.

Aprender sobre el especialismo a las duras

Hace unos años me encontraba en una relación profundamente especial con mi propia carrera profesional, en el sentido de que tenía demasiada valía asociada con lo que estaba —o no estaba— consiguiendo. Cuando las cosas funcionaban y conseguía un éxito mediático o una conferencia importante, me sentía emocionada hasta tocar el cielo. Sin embargo, cuando las cosas no funcionaban, permitía que mi decepción rebosara hacia otras áreas de mi vida. En particular, me mostraba muy impaciente con mis hijos.

El punto de inflexión llegó una mañana cuando estaba intentando meter prisa a mis dos hijos para ir a la escuela. Ese día íbamos a llegar tarde y recuerdo que grité a mi hijo de cinco años para que se pusiera los zapatos.

Después grite a mi hijo de seis años para que encontrara su mochila.

Después grité a ambos para que se metieran en el coche.

Y mientras cerraba la puerta del coche de un golpe, metía la marcha atrás y giraba para salir a la carretera, noté que mi hijo mayor estaba llorando en el asiento de atrás. Tenía la cara roja, el cuerpo tenso y tenía la mirada clavada en el suelo; las lágrimas corrían por sus mejillas:

—Mami —me dijo—, tú me entristeces.

Eso fue todo. No hubo gritos. Ni rabietas. Simplemente un niño que estaba claramente dolido.

Muy dolido.

Podía hacer frente a una rabieta pero esto —esto— era otra cosa completamente distinta. Miré a su hermano, que me miró brevemente a los ojos, y a continuación dirigió fríamente la mirada hacia el suelo.

Sin mediar palabra, aparqué el coche, agarré el volante con las dos manos y me quedé sentada allí, en un silencio conmocionado. En ese momento me sobrevino una oleada de culpa y de vergüenza y... perdí los papeles. Enterré la cara entre las manos y me permití una buena llorera que me dejó los ojos rojos y me hizo moquear por la nariz.

Por fin, tomé un par de respiraciones profundas, me di la vuelta hacia el asiento de atrás y conecté con ellos:

—Tomad mis manos— les dije.

Cada uno de ellos agarró las puntas de mis dedos.

—Lo siento. No debería haberos gritado. No sé qué me pasa pero prometo que lo voy a descubrir y que voy a mejorar, ¿de acuerdo?

Ambos afirmaron con un gesto pero en el camino a la escuela aún se mantuvo aquel extraño silencio.

Lo que deseas nunca es el ídolo

En ese momento aprendí por qué el *Curso* llama al especialismo «el gran dictador de las decisiones erróneas», (T-24.I.5:1). Si partimos de que para sentirnos completos hemos de poseer algo externo —logros profesionales, otra persona, el saldo adecuado en el banco—, nuestros comportamientos irán desde la autoconmiseración hasta la manipulación y el ataque para conseguir y conservar lo que queremos. Entonces, nuestras decisiones no estarán motivadas por la sabiduría o la compasión, sino por la desesperación y el control, que acaban llevándonos a perder esas mismas cosas que hemos convertido en nuestros ídolos y enviándonos de vuelta al mundo para aliviar el dolor.

¿Te suena familiar?

Por desgracia, para muchos de nosotros, este hábito, además de robarnos la paz, también es la causa fundamental de las adicciones incapacitantes: desde relaciones, comida, trabajo y las adicciones tecnológicas, hasta la dependencia del alcohol y de las drogas. Y en medio de todo ello, mientras nos «esforzamos por escuchar la voz que no tiene sonido» (T-24.II.4:6) del mundo, el recuerdo de quiénes somos realmente se aleja más y más y más de nuestra conciencia.

> **«Todo lo que te has enseñado a ti mismo ha hecho que seas cada vez menos consciente de tu poder. No sabes lo que es ni dónde se encuentra».**
>
> T-14.XI.1:5-6

Y para complicar el problema todavía más ocurre que, al perseguir frenéticamente esos ídolos que hemos hecho especiales, quedamos ciegos al hecho de que *la persecución misma es otra trampa.* Aquí es cuando caemos en lo que el *Curso* llama la «felicidad elusiva» (T-21.VII.13:1), lo que viene a significar que empezamos a creer que solo estamos *a corta distancia* de lograr la verdadera dicha y la realización. Esto, a su vez, genera una espiral interminable de *cuando* y *entonces,* en la que el éxito siempre está a la vista y, sin embargo, permanece fuera de nuestro alcance. En lo relacionado con tu carrera profesional, la cosa podría ir así:

Cuando consiga un nuevo trabajo, **entonces** seré feliz.
Cuando me asciendan, **entonces** seré feliz.
Cuando sea el jefe**, entonces** seré feliz.

Cuando gane más dinero, **entonces** seré feliz.
Cuando mis compañeros me respeten, **entonces** seré feliz.
Cuando sea famoso, **entonces** seré feliz.

Evidentemente, estos pensamientos también se extienden a otras áreas externas al trabajo, como:

Cuando la enfermedad se vaya, **entonces** seré feliz.
Cuando conozca a la pareja adecuada, **entonces** seré feliz.
Cuando tenga un bebé, **entonces** seré feliz.
Cuando pierda peso, **entonces** seré feliz, etc.

Sin embargo, como el *Curso* nos recuerda, «No es nunca el ídolo lo que realmente quieres. Mas lo que crees que te ofrece, eso ciertamente lo quieres» (T-30.III.4:1-2). En otras palabras, estamos tan ocupados persiguiendo la forma de éxito que deseamos, que no vemos que lo que *realmente* queremos es la sensación de compleción que esperamos que el éxito nos proporcione. Lo que estamos buscando es la *sensación de estar completos* —que no es sino otra forma de describir el Amor— y la buscamos inconscientemente en un mundo donde no podemos hallarla.

«"Busca pero no halles" sigue siendo el decreto implacable de este mundo y nadie que persiga los objetivos del mundo puede eludirlo».
M-13.5:8

Si la fuente que mide nuestro éxito está fluctuando constantemente, ¿cómo podríamos no estar siempre intentando agarrarnos a algo? Además, ¿qué ocurre cuando el trabajo se acaba, cuando la fama nos elude, cuando el bebé no llega o el cáncer se extiende? El *Curso* dice que si hacemos de cualquier fuente de felicidad externa nuestro «ídolo», cuando esos ídolos caigan, nosotros caeremos con ellos, y la caída será dura.

Por lo tanto, según el *Curso*, la cura para el especialismo es saber —en primer lugar y por encima de todas las cosas— que tienes acceso dentro de ti a un núcleo de Amor eterno e inmutable que sigue siendo perfecto independientemente de los cambios que se produzcan a tu alrededor. De hecho, la respuesta del *Curso* a nuestra persecución de «sombras que no están vinculadas a nada» (T-21. VII.12:6) es recordarnos amablemente que cuando nos permitimos sentir cualquier tipo de carencia, estamos eligiendo creer que este Amor es imperfecto y, por lo tanto, nosotros también.

Como siempre, nuestros *comportamientos* pueden ser imperfectos —y a menudo lo son— pero es importante recordar que los comportamientos ocurren *al nivel del cuerpo,* no del espíritu. Es en *este* nivel, el nivel espiritual de la creencia, donde el *Curso* te pide que hagas una elección: puedes elegir creer que fuiste creado perfectamente completo o puedes creer que eres imperfecto y, por lo tanto, tienes todas las razones para sentirte carente y competitivo, solo y atemorizado. Estos son los dos sistemas de pensamiento que tienes a tu disposición y cuando sientes miedo está claro cuál de ellos has elegido.

> **«Siempre que tienes miedo es porque aún estás indeciso. Tu mente se encuentra, por lo tanto, dividida y tu comportamiento inevitablemente se vuelve errático».**
>
> T-2.VI.5:8-9

Tu Ser sigue estando en paz

Desde una perspectiva profesional, esto significa que la importancia de cualquier cosa que consigas —o que no consigas— palidece en comparación con el uso que hagas de ella. En otras palabras, *todo* lo relacionado con cómo te comportas y cómo te presentas en el entorno laboral es, en sí mismo, una enseñanza sobre quién crees ser, así como sobre quiénes crees que son las demás personas de tu entorno. Si crees que tu identidad está definida por lo que haces, esa es tu elección. Pero, cuando mides tu valía en función de si consigues el objetivo «correcto» o si gustas a las personas «adecuadas», cabe esperar que esa elección venga acompañada por una enorme cantidad de ansiedad. Además, también cabe esperar que a esa elección le acompañe una buena cantidad de fricción interpersonal en la medida que compitas con otros y los juzgues en función de dónde encajen en tu plan para satisfacer tus necesidades. Una vez más, todas estas son decisiones que tomas pero el precio que pagas por ellas es tu sensación de paz.

Por otra parte, cuanto más te alejas de los alocados altibajos del especialismo y te orientas hacia el Amor inmutable, más cordura llevas a tu trabajo y a las personas que te rodean. Entraremos más a fondo en los aspectos específicos de cómo hacer esto en la sección siguiente pero, de momento, simplemente piensa en lo diferente que sería tu comportamiento en la oficina si supieras —si *realmente supieras*— que tu Ser es Amor y fueras capaz de ver a los demás como extensiones de esta misma Fuente. Piensa en lo diferente que sería tu aura y tu energía en el trabajo, en lo sereno y libre de amenazas que te sentirías con respecto a cualquier caos que te rodease o con respecto a posibles circunstancias que escapan a tu control. Ahora imagina el efecto que tendría tu presencia en tus compañeros, que te considerarían un modelo de compostura, y el impacto que eso tendría en tu influencia y en la dinámica de tu cultura empresarial y de tus equipos.

Todo esto es posible y, según el *Curso*, solo está esperando que lo elijas.

Sin embargo, el hecho de que estemos tan empeñados en buscar nuestra compleción interna en las cosas externas implica que, tal vez, después de todo, no sea una elección tan simple. Como aprenderás en el capítulo siguiente, tal vez se nos haya dado todo *pero, ¿y si en realidad no lo queremos?*

TRABAJO CON EL *CURSO* Preferencia frente a inversión

«Construye miles de casas
pero ninguna de ellas satisface a su desasosegada mente».
L-pl.182.3:3

Kenneth Wapnick, un profesor del *Curso,* solía hablar de la diferencia entre inversión y preferencia, indicando que deberíamos ser conscientes de nuestras *preferencias* por ciertas personas, ciudades, alimentos, ropas, obras de arte, prácticas espirituales, etc., sin hacer una *inversión* en ellas. Como la inversión es el terreno fértil donde crece el especialismo, tu tarea de hoy consiste en considerar cómo y de qué manera construyes tu identidad en torno a lo que el mundo considera importante y cómo esta práctica te lleva a ahondar, cada vez más, en una forma de pensar fragmentada y basada en el ego.

Por ejemplo, considera el hecho de que solemos pagar más dinero por recibir tratamientos «especiales», de que celebramos las ocasiones «especiales», las empresas ofrecen a sus ejecutivos ventajas «especiales», nuestros parientes nos preguntan si ya hemos conocido a alguien «especial», y la lista sigue. A continuación, considera cómo has invertido en *tu propio* especialismo para potenciar tu valía personal, sintiendo curiosidad por lo que puedas averiguar.

En lo relativo a tu profesión, también es útil pensar en cómo has hecho «especiales» a otras personas —bien a través de la adoración (amor especial) o del desprecio (odio especial)— y en cómo esto te ha hecho sentir. ¿Qué ocurre en tu mente cuando pones a un compañero, empleado o jefe «por encima» o «por debajo» de ti? ¿y cómo afecta esto a tu comportamiento cuando estás con ellos? Sentir curiosidad por averiguar cómo y en qué dirección inclinas las relaciones puede llevarte a realizar algunos descubrimientos muy poderosos con respecto a tu propia sensación de valía y dónde sitúas tus «inversiones».

Por lo tanto, por favor, tómate cinco minutos y anota libremente lo que te venga a la mente en el espacio siguiente. No te detengas ni te corrijas durante el proceso; programa un temporizador y comprométete a mantener el bolígrafo sobre el papel de principio a fin. Este es uno de los ejercicios más beneficiosos para expresar el ego y para traer a primer plano de tu conciencia los pensamientos de separación, de modo que no te lo saltes. Las comprensiones que obtendrás bien valdrán cinco minutos de tu tiempo.

CITAS CLAVE

- «El propósito fundamental de cada relación especial que has entablado es mantener a tu mente tan ocupada que no puedas oír la llamada de la verdad». T-17. IV.3:3.

- «No te engañes a ti mismo creyendo que puedes relacionarte en paz con Dios o con tus hermanos a través de algo externo». T-1.VII.1:7.

- «Hemos visto antes cuántas cosas absurdas te han parecido ser la salvación». L-pI.76.1:1

- «La oración que pide cosas de este mundo dará lugar a experiencias de este mundo». M-23.3:1.

- «Todas las relaciones especiales contienen elementos de miedo en ellas debido a la culpabilidad. Por eso es por lo que están sujetas a tantos cambios y variaciones. No se basan exclusivamente en el amor inmutable. Y allí donde el miedo ha hecho acto de presencia no se puede contar con el amor, pues ha dejado de ser perfecto». T-15.V.4:1-4.

La verdad no puede lidiar
con los errores que
tú deseas conservar.

T-3.IV.7:2

5

INTELIGENCIA ESPIRITUAL
La necesidad de autosabotaje

Jo es presidenta y gerente de un banco regional que ha recibido un duro golpe durante la recesión. Después de haber conseguido beneficios récord durante años, una serie de inversiones poco rentables la han obligado a realizar despidos masivos —incluyendo el de su propio padre adoptivo— y el fracaso no solo ha desmoralizado a los empleados restantes, sino que le ha hecho ganar el apodo de «la dama del hacha» en el entorno laboral.

En público, Jo trataba de dar la cara con valentía —aunque solo fuera para convencer a los acreedores— pero de puertas para adentro dudaba seriamente de su capacidad para soportar la tensión y las exigencias del puesto.

Y como si esto no fuera suficiente, la junta directiva empezó a cuestionar sus decisiones.

—Había una persona en particular que tenía muchas ganas de echarme —me contó—. Decía las cosas más horribles delante de todos, cosas que aún son demasiado dolorosas para repetirlas.

Después de una reunión en la que este miembro de la junta —lo llamaré Larry— fue especialmente brutal, Jo me preguntó qué debía hacer.

—Reza por su felicidad —le dije.

El gesto nauseabundo en su rostro lo dijo todo.

—Tienes que estar tomándome el pelo —respondió—. Me pides lo imposible.

Llegar al uno (Unicidad)

Consideremos qué es lo que se interponía entre la paz que Jo podría experimentar, incluso en medio de un momento extremadamente difícil, y lo que realmente estaba sintiendo, que en este caso era una ira apenas velada, alimentada por un manantial de miedo y dolor. Cuando pedí a Jo que dijera qué le enfadaba tanto, su respuesta inmediata fue apuntar al *comportamiento* de Larry, especialmente al hecho de que le había gritado en las reuniones y la había menospreciado en público.

—No hay manera de endulzar esto —dijo—. Es una guerra.

Entendí lo que Jo decía y también entendí por qué daba por supuesto que ese no era el mejor momento para emplear la inteligencia espiritual. Sin embargo, mi trabajo era convencerla de lo contrario.

En primer lugar, quería llevar a Jo al estado donde pudiera ver la perfección espiritual en Larry. Le pedí que se repitiera a sí misma una serie de preguntas meditativamente, en privado y a lo largo del día, y que continuara con este ejercicio hasta que pudiera responder honestamente sí a cada una de ellas. Las preguntas eran:

1. *¿Puedes ver el núcleo inmutable que existe en Larry?*

2. *¿Puedes ver que ese núcleo inmutable en él es perfecto a pesar de su conducta externa?*

3. *¿Puedes ver que él comparte ese núcleo inmutable contigo?*

Después de aproximadamente una semana de práctica, a veces dando un paso adelante y dos atrás, Jo llegó a regañadientes al estado en el que podía reconocer la conexión espiritual que compartía con Larry. Al principio, esto era todo lo lejos que estaba dispuesta a llegar pero fue suficiente para crear una pequeña parcela de terreno espiritual, de modo que durante algún tiempo nos plantamos allí.

Lentamente, muy lentamente, surgió un rayo de luz diurna en su pensamiento cuando reconoció que debajo de las acciones de Larry había un hombre, un ser demasiado humano, que también tenía miedo de esta situación. De hecho, llegó a comprender que *solo* una enorme cantidad de miedo podía hacer que alguien se comportara como él lo había hecho.

Mientras procesaba esta comprensión, Jo me dijo que estaba «eligiendo mirar más allá de su comportamiento, a la Verdad de quién era él, y contemplar sus acciones como una petición de amor».

Jo no había llegado al punto de poder rezar por la felicidad de Larry pero era capaz de estar cerca de él sin encogerse ni inflarse, algo que ambas consideramos un progreso notable. Aunque había conectado con el poder y la presencia que provee la inteligencia espiritual, aún no era capaz de permanecer en ellos de manera consistente. Había momentos en los que Larry la irritaba, y cuando eso ocurría, no se cortaba en decírselo.

El primer obstáculo a la paz

He dicho antes que cuando pedí a Jo que definiera la causa de su enfado, ella inmediatamente apuntó al comportamiento de Larry. Dejé esto a un lado mientras Jo se esforzaba sinceramente por ver a Larry como uno con ella pero, ahora que ella había logrado algún avance en esta área, era el momento de abordarlo en serio.

En el texto del *Curso* hay una sección maravillosa llamada «Los obstáculos a la Paz» (T-19.IV), donde el primer obstáculo a la paz se define como «nuestro deseo de deshacernos de ella». Como le ocurrió a Jo, podrías sentir confusión con respecto a estas palabras y preguntarte por qué alguien querría «deshacerse» de la paz. Sin embargo, nuestro comportamiento dice otra cosa, ¿cierto? En el caso de Jo, ella estaba *eligiendo* abandonar su paz cada vez que proyectaba su ira y sus temores en Larry, haciéndolo responsable de cómo se sentía y de los comportamientos a los que la llevaban sus sentimientos.

Jo comprendía esto a nivel intelectual; el problema era que no entendía cómo cambiarlo.

La ilusión del pensamiento

Tal vez no hayas tenido que luchar por tu trabajo tan ferozmente o tan públicamente como Jo, pero supongo que has tenido momentos en los que comportamientos basados en el miedo han producido conflictos o, al menos, han dificultado el mantener la compostura bajo presión. En otras palabras: ha habido momentos en los que te has «deshecho» de tu paz.

Sin embargo, si los juicios y el miedo que te mantienen en el «infierno» no son más que pensamientos, *deberías ser capaz de deshacerte de ellos en cuanto quieras*. Después de todo, los pensamientos no son manifiestos hasta que actúas a partir de ellos, lo que significa que —al menos en teoría—, debería ser igual de fácil cambiar tu manera de pensar con respecto a algo tan «grande» como que un miembro de la junta trate de despedirte, como con respecto a algo tan «pequeño» como dónde ir a comer.

Si te estás rascando la cabeza, tal vez te ayude verlo de esta manera: si ahora te pidiera que te tocaras la nariz, podrías hacerlo. Y si ahora mismo te pidiera que te tocaras el ombligo, presumiblemente también podrías hacerlo. Sin embargo, si ahora mismo te pidiera que tocaras tu *miedo*, no podrías. Esto se debe a que el miedo «no existe». Lo sientes real cuando estás nadando en él pero cuando lo examinas más de cerca, solo estás nadando en tus propios pensamientos. Dichos pensamientos ni siquiera son reales, a menos que te vincules con ellos, de modo que el hecho de que te apegues voluntariamente a pensamientos inservibles debe significar que, a algún nivel, *quieres conservarlos*. En este caso, la pregunta que todo el mundo tiene en mente y nadie quiere plantear es: *¿Por qué eliges consistentemente crearte un infierno si sabes que basta con cambiar tu manera de pensar para salir de él?* En el caso de Jo, ¿por qué *no querría* rezar por la felicidad de Larry sabiendo que al nivel más profundo la felicidad de él está vinculada con la suya?

La relación más especial es con tu «yo»

Está claro que nuestra aversión y nuestro «no estar dispuestos a aprender» (T-31.I.1:6) una perspectiva de unicidad y de ser compartido (interser) surge del hecho de que *nos gusta* nuestra identidad individual. En otras palabras, nos gusta considerar que *nuestro* cuerpo, *nuestra* familia y *nuestros* amigos son especiales. Nos gusta ver *nuestro* nombre en el certificado y *nuestro* título en la puerta. Y si somos muy honestos, tendremos que admitir que también nos gusta medirnos con otros porque estamos programados biológicamente para ganar. Al fin y al cabo, los «ganadores» son los que consiguen los mejores trabajos, las mejores casas y las mejores vacaciones, por no hablar de las mejores citas con el otro sexo, lo que incrementa nuestras posibilidades de transmitir nuestros genes a futuras generaciones de ganadores.

Así, si no estamos de acuerdo con los términos del plan que propone el *Curso* para nuestra felicidad —reconocer la interconexión de todas las cosas—, ¿para qué querríamos abandonar los juicios que hacen que la realización de ese plan sea imposible? No, gracias; me mantendré en el infierno. Aquí es donde surgen nuestros problemas porque, para conservar nuestros juicios y nuestro yo separado, *debemos deshacernos de la paz*. En otras palabras, tenemos que sabotearnos diariamente tomando lo que el *Curso* denomina «la decisión de olvidar» (T-10.II) nuestro verdadero Ser —con S mayúscula— y mantener en marcha *la percepción de separación*. Por tanto, no tenemos el impulso de juzgar: tenemos la *necesidad* de hacerlo.

El segundo obstáculo a la paz

Esto nos lleva al segundo obstáculo a la paz, que el *Curso* define como «la atracción de la culpabilidad» (T-19.IV). Dicho de manera simple, nos atrae la idea de que *otras personas* tengan la culpa de una mala situación porque eso retira la culpa de nosotros. Evidentemente, esto nos ofrece lo mejor de ambos mundos: conseguimos conservar nuestro especialismo y nuestras proyecciones sin tener que reconocer que son la causa de nuestro dolor. Volviendo al ejemplo anterior, si Larry tiene la culpa porque él siempre está agitando las cosas con su comportamiento beligerante, en la mente de Jo esto la libera a ella de toda culpa. Ella no es la que está creando el infierno en el que se siente atrapada; lo está creando Larry.

> **«No obstante, si deseas ser el autor de la realidad,
> te empeñarás en aferrarte a los juicios».**
> T-3.VI.5:8

Recapitulando, si juzgar algo significa percibirlo separado y si la separación significa que tienes el poder de «ser el autor de tu propia realidad», entonces *te interesa juzgar todo lo que ves*, en todo momento. Cuando juzgas que algo es bueno, sientes que tú tienes el control —«Yo» he hecho que esto ocurra—. Cuando juzgas que algo es malo, consigues ser la víctima —La culpa es «de ellos»—. En ambos casos consigues conservar tu «yo» —con "y" minúscula—, lo cual ha sido el objetivo en todo momento.

Cómo meditar en uno mismo

A pesar de tener que afrontar los obstáculos a la paz, Jo seguía progresando en el reconocimiento de su interconexión espiritual con Larry. Las preguntas esenciales e inmutables que hemos mencionado antes estaban empezando a hacer efecto; sin embargo, de vez en cuando, seguía teniendo intensos brotes de juicio e ira, de los que parecía no poder desprenderse. Aquí es cuando decidimos profundizar en la meditación sobre ella misma; esto significaba practicar diariamente una serie de reflexiones de cinco minutos que le «receté». En lugar de intentar ignorar sus frustraciones o de aventarlas amargamente a cualquiera que quisiera escucharlas, Jo empezó a visualizarse a sí misma y a Larry rodeados de rayos de luz blanca, que simbolizaban su espíritu compartido. Seguidamente, rezó para tener pensamientos curativos y, por último, aunque le costó mucho trabajo, rezó por la felicidad de Larry.

Jo repitió esta práctica diariamente. Finalmente, su ira se disolvió hasta el punto de poder reconocer amablemente el éxito de uno de los proyectos de Larry en una reunión de la junta, para sorpresa de todos los asistentes. No hubo agitación. No hubo miradas esquivas. No hubo sarcasmo velado. Simplemente había fortalecido su inteligencia espiritual hasta el punto de reconocer que su enfado estaba haciendo que una mala situación fuera aún peor y que, independientemente de su comportamiento, Larry era el anfitrión de la misma presencia de Amor que estaba en ella.

La relación de Jo con Larry mejoró drásticamente e incluso ahora, ocho años después, ella sigue siendo la gerente y él sigue estando en la junta directiva. No socializan después del trabajo —y, en realidad, tampoco durante el trabajo— pero la animosidad subyacente ha desaparecido y el banco ha vuelto a tener grandes beneficios.

—Lo mejor de todo es que ya no soy «la dama del hacha»— bromeaba conmigo un día.

Resulta fácil examinar la historia de Jo y pensar que ella salió «ganando» porque consiguió conservar su trabajo y, si bien esto es cierto, también hubo una ganancia mayor y más importante que puede resumirse en la famosa cita de Gandhi: «Como los medios, así será el fin». Jo reconoció que si el *camino* que elegía para el proceso de recuperación del banco estaba presidido por la ira y el resentimiento, eso es lo que encontraría en la *meta*. Yo añadiría que si su camino hubiera sido deshacerse de la paz viendo la culpa en otros, habría llegado a otra meta muy diferente.

Esto hace de la inteligencia espiritual el planteamiento más maduro para gestionar todos los retos que nos presenta la vida y un auténtico superpoder en la carrera profesional. Cuando puedes mirar a otra persona, independientemente de sus actos, y afrontar la Verdad de lo que ella es con la Verdad de lo que tú eres, el miedo ya no puede controlarte. Y lo único que necesitas para llegar a este punto es preguntarte: «Ahora mismo, ¿estoy dispuesto a ver la inocencia en mí y en esta persona?»

Mirar al pecado

Ya lo sé. Llegados a este punto, podrías estar pensando: espera un momento. Esto funcionó bien con el miembro rebelde de la junta pero, ¿qué pasa con los asesinos, los violadores, los traficantes, los terroristas y los pedófilos? ¿Se supone que tenemos que llevar esos delitos «a la luz» y liberar de cargos a esas personas porque todos compartimos la misma presencia espiritual de Amor? Es una buena pregunta y también es una pregunta importante, de modo que, aunque al principio puede parecer que nos distanciamos del ámbito profesional, quiero responderla dentro del marco del *Curso*.

En esencia, cuando oímos hablar de actos horribles, como asesinatos y violaciones, tendemos a pensar que estas cosas son «pecados» y, si has tenido una educación religiosa tradicional, lo más probable es que te hayan enseñado que el pecado se castiga con la «muerte». Como probablemente esperas a estas alturas, el *Curso* tiene un planteamiento diferente.

En el *Curso*, el pecado se define, de manera muy simple, como una «falta de amor» (T-1.IV.3:1). Esto significa que ni el pecado ni la muerte pueden ocurrir al nivel del espíritu porque, una vez más, el espíritu ES Amor y no puede atacar ni tampoco puede morir. Por lo tanto, «pecar sería violar la realidad» (T-19.II.2:2) y eso es imposible.

> **«Si el pecado es real, Dios no puede sino estar en pugna Consigo Mismo. Tiene que estar dividido, debatiéndose entre el bien y el mal; ser en parte cuerdo y en parte demente».**
>
> T-19.III.6:3-4

El punto relevante aquí es que Dios, siendo Amor, no podría haber creado el pecado porque eso habría significado *crear una fuerza que se opone al Amor*. —Como ya hemos visto, esta también es la razón por la que, según el *Curso*, el «diablo» no existe—. Y esto significa que, para que el pecado fuera real, tendría que ser un poder más grande que el Amor.

«Si el pecado es real, tiene que estar permanentemente excluido de cualquier esperanza de curación. Pues en ese caso habría un poder que transcendería al de Dios, un poder capaz de fabricar otra voluntad que puede atacar y derrotar su Voluntad...»

T-19.III.8:1-2

Esto nos lleva a lo que hemos venido explicando a lo largo del libro con respecto a la perfección espiritual y la ilusión de separación. Recuerda que, desde la perspectiva del *Curso,* no existen fuerzas «buenas» y «malas» enfrentadas en el universo. Solo está Dios. Lo que Dios crea (Amor) es real y, en último término, no existe nada más. Nosotros pensamos que el mal es real porque vemos sus *efectos* en el mundo, pero esto no hace que sea real en sentido espiritual. Esta es precisamente la razón por la que el *Curso* quiere que examines tus creencias. Porque si aíslas el concepto de pecado —si crees que eres un pecador y que el pecado merece la muerte—, ¿qué motivación podrías tener para tomar conciencia de tus pensamientos más oscuros? ¿Por qué harías algo voluntariamente si creyeras que Dios te iba a castigar por ello? Además, si crees que «otras» personas son pecadoras, entonces, ¿de qué otro modo podrías verlas excepto siendo hipercrítico y estando atemorizado? En cualquier caso, la creencia en el pecado *te* está manteniendo atascado en un ciclo de negar u ocultar el «mal» en ti mismo, al tiempo que lo persigues activamente en todos los demás.

Solo *examinando* este sistema de pensamiento, enraizado en el juicio y la separación, podremos ver que se manifiesta como ataque, drama e infelicidad en nuestras vidas, incluyendo nuestra actuación profesional. Por lo tanto, la única oportunidad que tenemos de vivir en paz dentro de nosotros mismos y en el mundo es interrumpir este hábito. Esto implica detectar cuándo estamos teniendo pensamientos de miedo, separación y juicio y reconocer esos pensamientos como lo que son: falsas proyecciones del ego.

Nadie puede hacer esto por ti, ni siquiera Dios. Tienes que ser tú el que diga: «Esta forma de pensar me está volviendo loco y ya no la quiero».

Y cuando lo hagas, prepárate, porque entonces pueden empezar los verdaderos milagros...

TRABAJO CON EL *CURSO* No eres quien crees ser

«Eres demasiado tolerante con las divagaciones de tu mente y condonas pasivamente sus creaciones falsas».
T-2.VI.4:6

Para superar los numerosos obstáculos a la paz que todos afrontamos cada día, está claro que necesitamos prestar cuidadosa atención a nuestros pensamientos. Sin embargo, la mayoría de nosotros no tenemos el hábito de hacerlo y, de hecho, solemos encontrar el modo de *evitar* tomar conciencia de lo que está ocurriendo en nuestra mente. Por ejemplo, ¿cuántas veces consultas el teléfono móvil cada día? Estudios recientes indican que la mayoría de las personas lo hacen en torno a 150 veces al día, lo que supone que si restamos ocho horas para dormir y después hacemos los cálculos, eso es más de nueve veces por hora, o más de una vez cada diez minutos. Está claro que estamos distrayéndonos de manera extrema y que estas distracciones, combinadas con la velocidad a la que vivimos, nos impiden examinar lo que verdaderamente está pasando en nuestra cabeza.

En este sentido, estamos *eligiendo* nuestra propia ignorancia, aunque no podemos decir que la ignorancia sea dicha. Como hemos visto en esta sección, la buena nueva es que cuando empiezas a entender cómo funciona el ego, empiezas a entender por qué hacemos esto. De hecho, aunque no recuerdes nada más de estos primeros capítulos, recuerda esto: si una mente en calma es el punto de partida para retornar a la Verdad de tu Ser y para realizar el trabajo de experimentar paz, *entonces tu ego se va a asegurar de que tu mente nunca esté suficientemente aquietada.*

Esta es la razón por la que atender demasiado a nuestro dolor —prestando mucha atención a nuestros juicios y distracciones— puede parecernos una forma de poder y autoprotección, cuando en realidad es lo que nos mantiene encerrados en el temor.

De momento, el reto que te propongo afrontar hoy es el de contemplar de cerca y en actitud vigilante las divagaciones de tu mente. Por ejemplo, en el trabajo, cuando sientas la compulsión de mirar el teléfono, tómate un momento y pregúntate: *¿Por qué estoy haciendo esto? ¿Qué estoy tratando de conseguir? ¿Qué estoy tratando de evitar?* No trates de cambiar tus pensamientos ni tampoco los juzgues. Simplemente date cuenta de lo que está pasando con una sensación de curiosidad. A continuación, usa el espacio siguiente para anotar tu experiencia. Además del teléfono, ¿cuáles son los principales pensamientos de distracción que surgen en ti a lo largo del día? ¿Cómo saboteas tus esfuerzos por crecer espiritualmente y profesionalmente deshaciéndote de la paz? ¿Hay alguien en tu oficina a quien «te encanta detestar»? ¿Qué historias te cuentas con respecto a esa persona? ¿Cómo usas estas u otras distracciones para no ahondar en tus propias percepciones y creencias, como recomienda el *Curso*? Por favor, anota lo que te venga a la mente en el espacio que se provee.

CITAS CLAVE

- «Las decisiones del ego siempre son erróneas porque están basadas en el error para cuya defensa se tomaron». T-5.VI.4:2.

- «Una mente separada o dividida no puede sino estar confundida. Tiene necesariamente que sentirse incierta acerca de lo que es. Y no puede sino estar en conflicto, puesto que está en desacuerdo consigo misma». T-3.IV.3:4-6.

- «El ego siempre substituirá lo que tiene significado por el caos, porque si la separación es la salvación, la armonía es una amenaza». T-11.V.13:6.

- «El conocimiento es siempre estable y es evidente que tú no lo eres. Aún así, eres perfectamente estable tal como Dios te creó. En ese sentido, cuando tu comportamiento es inestable, estás en desacuerdo con la Idea que Dios tiene acerca de tu creación. Puedes hacer esto si así lo eliges, mas no querrías hacerlo si estuvieses en tu mente recta». T-3.V.3:3-6.

- «El secreto de la salvación no es sino este: que eres tú el que se está haciendo todo esto a sí mismo». T-27.VIII.10:1.

Segunda parte

Contrata a tu ser

Las pruebas por las que pasas no son más que lecciones que aún no has aprendido, que vuelven a presentarse de nuevo, a fin de que donde antes hiciste una elección errónea, puedas ahora hacer una mejor y escaparte así del dolor que te ocasionó lo que elegiste previamente. En toda dificultad, disgusto o confusión, Cristo te llama y te dice con ternura: «Hermano mío, elige de nuevo».

T-31.VIII.3:1-2

A lo opuesto al ego,
desde cualquier punto
de vista —origen, efectos
y consecuencias—, lo
llamamos milagro.

C-2.5:1

6

¿Qué es un milagro?

Es posible que te estés preguntando qué creencias en torno a Dios o al pecado o a la separación guardan relación con los detalles específicos de tu profesión. Después de todo, ¿qué conexión tienen dichas creencias con ganar más dinero, rendir al máximo, ser promocionado o liderar tus equipos? La respuesta a esta pregunta se clarifica cuando reconoces que todo lo que haces *en* tu trabajo surge de la actitud mental que llevas *al* trabajo. El *Curso* interviene aquí recordándote hasta qué punto la mentalidad que llevas cada mañana a tu trabajo se ha conformado únicamente en función de lo que te dice tu vista física y cuánto te cuesta atender a esto en términos de tu propia paz y alegría.

Está claro: todos sabemos que cada día nuestros ojos registran la parte observable de nuestra experiencia. Vemos cuerpos separados. Vemos comportamientos y acciones que son positivos y otros que no lo son tanto. Vemos planes de trabajo, plazos de entrega y una corriente interminable de *emails*. Esto no nos sorprende. Lo sorprendente es la frecuencia con la que olvidamos que lo que es visible sigue siendo *lo único* que los ojos pueden ver.

Y, sin embargo, está claro que hay mucho más.

De la identificación con el cuerpo a la identificación con el espíritu

Esta es la razón por la que es peligroso formarse una percepción de cualquier situación a partir únicamente de la vista física. Nos hemos enseñado a creer que nuestros ojos nos ofrecen todo el espectro de la verdad, cuando solo nos ofrecen un fragmento de ella, e incluso eso está sujeto a nuestros propios sesgos y condicionamientos pasados. Teniendo en cuenta que el liderazgo y el profesionalismo requieren un profundo nivel de compostura y de presencia imparcial, ¿a quién puede sorprenderle que muchos de nosotros no estemos a la altura?

> **«Crees que lo que no puedes ver con los ojos del cuerpo no existe. Esta creencia te lleva a negar la visión espiritual».**
>
> T-1.I.22:2-3

En el *Curso* se te pide repetidamente que potencies tu vista física con la visión espiritual, que requiere ver más allá de las limitaciones inherentes a lo que los ojos nos están mostrando. Este cambio de percepción por el que pasamos de la «identificación con el cuerpo a la identificación con el espíritu» (T-1.I.29:3) *es* el milagro y, como espíritu equivale a Amor, esto significa elegir percibir con Amor.

Si sientes resistencia a emplear la palabra *amor* en el contexto del mundo de los negocios, espero que la historia de Jo que hemos relatado en el capítulo anterior —así como otras historias distribuidas a lo largo de este libro— te ofrezcan alguna comprensión de cómo este tipo particular de inteligencia espiritual puede obrar «milagros» en tu profesión, incluso en circunstancias difíciles y de gran presión. Son ejemplos de que el Amor espiritual es la fuente de tu poder en el entorno laboral; no obstante, es importante indicar que, desde la perspectiva del *Curso*, el Amor no solo es una fuente de poder: *es el único poder que existe*.

Esto significa que, según el *Curso,* cuando eliges ver el mundo desde la perspectiva egótica, es decir, cuando eliges ver a los demás separados de ti y compitiendo contigo, pagas un precio: tu sabiduría y tu compasión quedan confiscadas o, lo que es lo mismo, tu poder queda totalmente confiscado.

«No puedes ver ambos mundos, pues cada uno representa una manera de ver diferente y depende de lo que tienes en gran estima. La negación de uno de ellos hace posible la visión del otro».

T-13.VII.2:2-3

Traducción: no puedes tener las dos cosas. No puedes elegir el ego y al mismo tiempo experimentar paz, compasión, sabiduría o alegría. Ambas cosas no comparten el mismo espacio en tu mente. Ahora bien, la buena nueva es que cuando tomas la decisión de elegir el Amor, el ego desaparece y *esto es el milagro*. Por tanto, el propósito del milagro no es otro que deshacer tu creencia en los juegos del ego —proyección y especialismo— y, cuando esto ocurre, tu verdadero poder —el Amor subyacente— es libre de emerger y expresarse. Como siempre, no es que el Amor no haya estado ahí antes, sino que tu experiencia de él estaba bloqueada por tus pensamientos temerosos.

¿Recuerdas esto del capítulo 1?

Dios *es*.
Él *es* es Amor.
Amor es *todo* lo que hay.

Una vez más, la frase «Dios es» refleja la idea de que la presencia del Amor está en y alrededor de todas las cosas —incluyéndote a ti— y busca expresarse a través de todas las cosas —incluyéndote a ti—. Pero existe una pega: permitirla es una elección. Tienes que decir que sí. Y la forma de decir sí a la presencia del Amor es soltar el pensamiento egótico que impide su manifestación.

Esta es la razón por la que el Amor no puede transformar tu profesión sin antes transformarte a ti. A medida que estés más dispuesto a soltar el ego, esto te conducirá, de manera natural, a actuar de manera más incluyente y conectada, atrayendo así más colaboración de los que te rodean. Por otra parte, aferrarse al ego lleva a actuar desde un lugar de escasez, causando más competición y división. Por lo tanto, si quieres ser un líder en tu trabajo y si defines el liderazgo como la capacidad de inspirar acciones en otros, entonces, pregúntate: ¿Qué es más inspirador, el amor o el miedo? La respuesta es evidente, sin embargo, muchos profesionales entienden esto al revés. Quieren ser líderes pero el pensamiento egótico hace que se comporten de manera temerosa de una manera que nadie que estuviera en su mente recta seguiría.

Pero este es el punto importante, ¿cierto? No estamos en nuestra mente recta y esto explica por qué sigue habiendo tanta toxicidad en el ámbito laboral.

Solo el amor es real

Volviendo a la metafísica: si Dios *es*, él *es* es Amor y nosotros no estamos separados del Amor, entonces solo el Amor puede ser real. Esto significa que si el ego refleja percepciones de miedo y separación y si las percepciones no son reales, *entonces el ego mismo no puede ser real*. El reflejo de la nada sigue siendo nada.

> **«¿Y de qué otra manera puede uno disipar las ilusiones, excepto examinándolas directamente sin protegerlas? No tengas miedo, por tanto, pues lo que estarás viendo es la fuente del miedo y estás comenzando a darte cuenta de que el miedo no es real».**
>
> T-11.V.2:2-3

Como he dicho antes, los *efectos* del pensamiento egótico son suficientemente reales porque los vemos por doquier. Basta con mirar un periódico o tu propia oficina o mirarse en el espejo para ser testigo de las consecuencias que el miedo, las proyecciones y las luchas de poder tienen diariamente en nuestras vidas. Pero, una vez más, los comportamientos son el resultado de la percepción, de modo que si quieres cambiar de comportamiento, en primer lugar debes cambiar de percepción. *Este* es el nivel donde el ego no es real porque la percepción solo es un pensamiento en tu mente y es en la mente donde aún tienes el poder de elegir.

Para ilustrar esta idea, imagina que ahora mismo estás sosteniendo en tu mano una manzana verde. Obsérvala en tu mano e incluso pon los dedos en forma de copa para reflejar su forma redondeada. Ahora cambia el color de la manzana del verde al rojo. Puedes imaginarte sosteniendo la manzana mientras tu mente hace que cambie de color del rojo al verde y del verde al rojo. El simple hecho de que puedas hacer esto testifica que tienes el poder de elegir lo que piensas y, como todo lo que experimentas se ve afectado por lo que decides percibir, el objetivo del milagro es llevarte de vuelta a esa capacidad de decisión. En otras palabras, si el pensamiento del ego es empujar el miedo fuera de tu mente mediante la proyección, *el milagro es devolverlo al lugar donde puedes disolver el miedo eligiendo amablemente en su contra.*

El Amor es la percepción más elevada posible

Como ejemplo, recuerdo a mi amigo Rob —no es su verdadero nombre—, que trabaja en una empresa de auditoría donde cuenta con una asistente para ayudarle a elaborar propuestas a los clientes. A pesar de que se suponía que esta asistente estaba empleada a tiempo completo, siempre estaba avisando de que iba a llegar tarde por un motivo u otro, e incluso algunas veces ni se presentaba, a pesar de tener programadas reuniones a las que había acordado acudir.

—Al principio, traté de ser muy paciente y comprensivo —dijo Rob—. Sentía empatía por sus razones para llegar tarde o no venir, pero empecé a pedirle confirmación para las reuniones siguientes. Ella estaba de acuerdo, pero después llegaba a las diez de la mañana como si nada, cuando se había comprometido a estar a las ocho y media para ayudarme en un proyecto.

Después de que sus intentos de comunicar directamente no funcionaran, Rob se reunió con el director de recursos humanos —que era técnicamente el supervisor de la asistente— para informarle de la situación.

—Se me aseguró que el director de recursos humanos iba a hablar con ella, pero no cambió nada —me contó Rob—. La cosa llegó al punto en que dejé completamente de asignarle proyectos. Me los devolvía tarde, lo cual hacía que yo se los diera tarde a los socios. La situación estaba empezando a afectar a mi credibilidad, de modo que decidí hacerlos yo mismo.

A medida que aumentaba la frustración de Rob con su ayudante, se esforzó por evitarla en la oficina, pero también empezó a criticar públicamente al equipo de dirección por no hacer nada para abordar el problema.

El momento definitivo llegó un día en que sentía la presión de tener que entregar dos propuestas a la vez. Como no tenía otra opción mejor, pidió ayuda a su asistente. Al entrar en la oficina para repasar algunos cambios, ella minimizó rápidamente el juego al que estaba jugando en la pantalla y sacó el documento con la propuesta, como si hubiera estado trabajando en él todo el rato. Rob sintió que surgía en él el desprecio, por lo que se dio la vuelta y se fue sin mediar palabra. Pasó el resto del día hasta bien entrada la noche echando pestes a cualquiera que se cruzara en su camino.

Entonces, ¿dónde está *el milagro* en esta situación? Comunicar directamente con la asistente no sirvió de nada. Hablar del asunto con el supervisor tampoco dio resultado. Contárselo a los socios fue igualmente inútil. Incluso sus intentos de realizar un *coaching* suave tampoco sirvieron. Rob había agotado todos los «canales adecuados» y aun así… nada.

Aunque no era estudiante del *Curso,* yo había mantenido con él suficientes conversaciones sobre la inteligencia espiritual como para que fuera capaz de reconocer, por primera vez, que su resentimiento hacia otra persona le estaba haciendo daño a él. Cuando las cosas le iban bien en el trabajo, esta idea era poco más que una noción abstracta compartida mientras tomaba una taza de café, pero ahora que estaba sintiendo realmente que sus juicios le producían sufrimiento, estaba preparado para aprender más.

Cuando empezamos a hablar de los obstáculos a la paz de Rob, le dije que el *Curso* compara los resentimientos con ser el guardián de una prisión, que no tiene más libertad que el prisionero al que vigila. Aunque el guardia parece ser libre, mientras crea que el prisionero es culpable se sentirá obligado a vigilar la celda para que no escape sin castigo.

> **«Un carcelero no puede ser libre, pues se encuentra atado al que tiene preso. Tiene que asegurarse de que no escape y así pasa su tiempo vigilándolo».**
>
> L-pI.192.8:3-4

Rob comprendió que sus juicios con respecto a la asistente estaban haciéndole infeliz a él y esta ilustración le ayudó a entender por qué. El verdadero problema era que él sentía que ella se lo montaba para trabajar menos que los demás, de modo que no solo tenía que «ser muy consciente» de lo agraviado que se sentía, también tenía que hacer partícipes de sus agravios a los demás. Ahora bien, el problema era que la cosa no estaba funcionando. El comportamiento *de ella* no estaba cambiando, mientras que *sus* crecientes estallidos hacían que él pareciera estar fuera de control en la oficina.

No hay orden de dificultad en los milagros

Habiendo agotado todas sus ideas, por fin Rob estaba abierto al milagro, es decir, estaba abierto a ver a la asistente desde la visión espiritual, en lugar de contemplarla solo desde la visión física. Empecé pidiéndole que escribiera las tres primeras frases del *Curso* en una tarjeta y que la pegara debajo de su ordenador, donde pudiera verla a lo largo del día. La tarjeta decía:

> **«No hay grados de dificultad en los milagros. No hay ninguno que sea más "difícil" o más "grande" que otro. Todos son iguales».**
>
> T-1.I.1:1-3

Cada vez que Rob miraba la tarjeta, recordaba que, como los milagros son pensamientos de Amor y todos los pensamientos están en la mente, él tenía la capacidad de elegir la sabiduría y la compasión en cualquier momento. También le recordaban que el enfado que sentía solo era un pensamiento, no mayor que cualquier otro pensamiento, ni más difícil de cambiar que imaginar una manzana verde en lugar de una roja.

Finalmente, a medida que Rob empezó a dejar de tomarse tan en serio sus pensamientos de separación, entendió que aunque lo que él veía no había cambiado, su forma de verlo podía transformarse completamente.

Actualmente Rob sigue trabajando con su asistente —lo mínimo que puede— y los comportamientos de ella ya no le afectan como antes. En lugar de enfadarse, reconoce silenciosamente lo Inmutable en ella mientras se enfoca en sus propios proyectos, y esto le ha ayudado a fundir el equipaje emocional que antes le resultaba tan pesado. Si bien Rob se queja de la ayudante ante el equipo de gestión cuando lo siente adecuado, ya no se queja de la dirección a sus compañeros, lo cual, según él mismo reconoció, solo reduciría sus probabilidades de conseguir un ascenso a largo plazo.

Lo que me encanta de esta historia es que, como Rob no tenía ninguna autoridad operativa sobre la ayudante, se vio obligado a retornar a lo único que podía gestionar eficazmente en la situación: *él mismo*. La experiencia de Rob —junto con otros incontables ejemplos— nos recuerda que, a veces, en realidad el trabajo no es justo. A veces, nunca contratarías a las personas que te rodean y mucho menos continuarías dándoles empleo, y, sí, si tú estuvieras al cargo, las cosas serían muy, muy distintas.

Sin embargo, como dice el *Curso*, los milagros siguen siendo posibles en medio de todo lo que tú no puedes controlar y, de hecho, si *no* están ocurriendo es que «algo anda mal» (T-1.I.6:2).

En otras palabras, como la paz es tu estado natural, si no estás en paz, basta con examinar el ego para descubrir dónde estás bloqueado. El ego proyecta el temor afuera y hace que alguien o algo sea responsable de él, mientras que el milagro lo trae de vuelta a tu mente, donde puedes dejarlo ir. *Este es el poder trascendente que está a tu disposición en todo momento,* independientemente de lo que esté ocurriendo fuera. Y cuando empieces a experimentarlo a través de los milagros, como aprenderás en el capítulo siguiente, por fin quedará claro que no estás creándolos solo.

TRABAJO CON EL *CURSO* Los cincuenta principios de los milagros

«Los milagros se dan en la mente que está lista para ellos».
T-1.III.7:1

Dado que el *Curso* define el milagro como un cambio de perspectiva del miedo al Amor, para ayudar a facilitar este cambio, por favor, lee los cincuenta principios de los milagros en el capítulo 1, sección 1, del texto del *Curso*. Léelos una vez sin más y después vuelve a leerlos lentamente, reemplazando la palabra «milagro» por «pensamientos de Amor». Por ejemplo, en el principio 15, el *Curso* dice: «Todos los días deberían consagrase a los milagros» (T-1.I.15:1). Considera cómo cambia esta frase para ti cuando la lees así: «Todos los días deberían consagrarse a los pensamientos de Amor».

Dicho esto, no dediques demasiado tiempo a intentar entender el significado exacto de cada principio en este momento. Más bien, toma lo que has aprendido hasta ahora y empieza a pensar en cómo aplicarlo a tu carrera profesional. Por ejemplo:

- ¿Cómo puedes usar los pensamientos de la mentalidad milagrosa para crear un entorno donde te sientas orgulloso de trabajar?

- ¿Cómo has participado en la creación de un entorno donde te sientes orgulloso de trabajar?

- ¿Dónde puedes aplicar tu poder trascendente a circunstancias que están fuera de tu control directo?

- ¿Hay alguna situación de tu vida actual en la que puedas reconocer que estás atrapado en la forma de pensar del ego?

- ¿Qué harás de otra manera si experimentas algo similar en el futuro?

No tienes que responder a todas estas preguntas, pero sería conveniente que te tomaras unos momentos para escribir cualquier cosa que te haya llamado la atención en el espacio que se provee.

CITAS CLAVE

- «Los milagros son pensamientos. Los pensamientos pueden representar el nivel inferior o corporal de experiencia, o el nivel superior o espiritual de experiencia». T-1.I.12:1-2.

- «Pues puedes ver el cuerpo sin ayuda, pero no sabes cómo contemplar otro mundo aparte de él. Tu mundo es lo que la salvación habrá de deshacer, permitiéndote así ver otro que tus ojos jamás habrían podido encontrar». T-31.VI.3:3-4.

- «El aprendizaje que verdaderamente corrige comienza siempre con el despertar del espíritu y con el rechazo de la fe en la visión física. Esto frecuentemente entraña temor, ya que tienes miedo de lo que tu visión espiritual te mostraría». T-2.V.7:1-2.

- «O bien ves la carne o bien reconoces el espíritu. En esto no hay términos medios. Si uno de ellos es real, el otro no puede sino ser falso, pues lo que es real niega a su opuesto». T-31.VI.1:1-3.

- «Tus percepciones distorsionadas producen una densa envoltura alrededor de los impulsos milagrosos, dificultándoles que lleguen a tu conciencia». T-1.VII.1:1.

- «Sean cuales sean las mentiras que te hayas creído, para el milagro son irrelevantes, pues puede sanar cualquiera de ellas con la misma facilidad». T-2.I.5:1.

El propósito de este
Curso es que aprendas a
conocerte a ti mismo. Has
enseñado lo que eres, pero
no has permitido que lo que
eres te enseñe a ti.

T-16.III.4:1-2

7

CONOCE A TU NUEVO MENTOR

Información equivocada

—No sé quién ha enviado esa nota de prensa —dijo el presidente de la comisión del condado— pero sea quien sea tiene que ser despedido.

Tenía veintitrés años cuando vi esta cita en la primera página de nuestro periódico local, e inmediatamente sentí que el corazón se me salía por la boca.

Estaba hablando de mí.

Habían pasado menos de veinticuatro horas desde que yo había remitido por equivocación a docenas de medios de comunicación una nota en la que se decía que nuestro senador estatal había apoyado un controvertido proyecto —cosa que no había hecho— y en ese tiempo había conseguido ofender al senador, al cliente y a toda la comisión del condado.

Aún estaba mirando la portada del periódico sin acabar de creérmelo cuando me sobresaltó el sonido de mi teléfono de sobremesa, sentí que me encogía al comprobar que la señal parpadeante procedía de Skip, mi jefe en aquel tiempo.

—Buenos días —dije, tratando de parecer animada.

La respuesta fue breve y concisa:

—¿Tienes un segundo?

Mientras me aproximaba a su oficina preguntándome cuántas cajas necesitaría para llevarme mis cosas del escritorio, Skip me invitó a entrar sin amabilidades ni charla superficial y me señaló una silla en medio de la habitación. Me senté en ella como un niño ante el director del colegio, evitando el contacto ocular y preparándome para lo peor.

—Has metido la pata hasta el fondo —dijo— pero yo te voy a apoyar y vamos a salir de esta.

Han pasado dieciséis años desde esa reunión y esta historia todavía me hace sonreír. No solo porque Skip era —y todavía es— un mentor asombroso, sino porque este fue uno de los primeros momentos en los que realmente «entendí» la importancia de tener un defensor en el trabajo. Skip era uno de los dueños de la agencia donde yo trabajaba y eso significaba que estaría presente en cualquier reunión a puerta cerrada donde se decidiera mi futuro profesional. Necesitaba que estuviera de mi lado, y lo estaba.

Mi experiencia con Skip es un ejemplo de que los empleados que están bajo la tutela de un mentor de calidad tienden a avanzar mucho más rápido en su carrera profesional que los que navegan en soledad. En este caso —y he de admitir que también en algunos otros—, Skip me protegió de los efectos de mis errores de principiante y me enseñó las aptitudes fundamentales para ser una verdadera profesional. Como he aprendido a lo largo de muchos años trabajando con ejecutivos de todos los niveles, que una carrera profesional esté construida sobre roca firme o sobre arena, a menudo depende de que uno sea capaz de establecer estas relaciones y esté expuesto a este aprendizaje.

Esto hace que encontrar al mentor adecuado en el trabajo sea algo extremadamente importante, aunque para muchos profesionales es algo que simplemente no ocurre. Existen muchas razones para esto y una de ellas —que no es menor— es que una asociación significativa suele ir acompañada de la presencia de cierta química. Como esta cualidad de conexión no es algo que se pueda impostar, conseguir un mentor, con frecuencia, es una cuestión tanto de suerte como de estrategia.

En este sentido, los mentores profesionales son muy parecidos a los mentores espirituales. Incluso un examen superficial de la industria espiritual nos confirma que vamos en busca de cualquier curso, gurú o templo que nos prometa una experiencia de conexión con lo divino, y esta es una búsqueda que mueve millones. Llamamos a esto «ser un buscador» y créeme cuando te digo que he visto muchas cosas en este campo. Siendo una persona que diserta habitualmente sobre el éxito profesional y la inteligencia espiritual, he estado ante salas llenas de personas que se sentían abandonadas en ambos frentes y comprendo la decepción que se siente cuando se añora un guía que nunca parece llegar. Dicho esto, la diferencia entre un mentor profesional y un mentor espiritual es que en lo tocante a la búsqueda espiritual, estamos buscando algo que ya tenemos. Desde la perspectiva del *Curso*, no tienes que preocuparte de «encontrar» un mentor porque has tenido uno en todo momento: un guía interno que no podría ser más perfecto para ti.

Es el «Espíritu» de la inteligencia espiritual.

Vamos a desplegar esta idea: si tú no estás separado del Amor —como dice repetidamente el *Curso*—, eso significa que hay una Presencia en tu mente que aún está conectada con la Fuente de toda vida. El *Curso* la llama «Espíritu Santo», aunque también usa otros nombres, como «Maestro Interno», «Voz de Dios», «Ayudante», «Intérprete», «Confortador», «Inspiración Universal», «Mediador» y «Jesús». Independientemente de la palabra usada, la definición sigue siendo la misma: el Espíritu Santo no es únicamente «el último vínculo de comunicación que te queda» (C-6.3:1) con el Amor espiritual, sino también tu vía de salida del sistema de pensamiento del ego.

> **«Tú no puedes ser tu propio guía hacia los milagros,**
> **pues fuiste tú el que hizo que fuesen necesarios».**
> T-14.XI.7:1

Aquí es donde tenemos que ampliar la definición del *milagro* que se ha ofrecido en el último capítulo. Si bien un milagro es ciertamente «un pensamiento de amor», en el *Curso,* un milagro es un pensamiento de amor que viene *a* ti y en último término opera *a través de* ti, desde la *Fuente* de Amor, que es Dios. En otras palabras, no puedes curarte a ti mismo. Presumiblemente ya sabes esto porque si pudieras librarte de la ansiedad, de la infelicidad y del temor que acompañan al pensamiento del ego, sin duda, ya lo habrías hecho. Ahora bien, debería aliviarte saber que la paz y la presencia que estás buscando no son el resultado del poder del cerebro ni de la fuerza de voluntad, sino de estar dispuesto a invitar a una Sabiduría más grande que la tuya a tu proceso de toma de decisiones.

Siguiendo por esta línea, también tenemos que expandir la definición de inteligencia espiritual que hemos dado en el capítulo 1, porque, si lo recuerdas, en ese capítulo indiqué que la inteligencia espiritual se describe generalmente como «la capacidad de comportarse con sabiduría y compasión, manteniendo la paz interna y externa en cualquier situación». Ciertamente esto es verdad; sin embargo, lo que se infiere de aquí, aunque no se haya dicho, es que «actuar con sabiduría y compasión» (Amor) es el *efecto* de conectar con esta Sabiduría Interna. El «Espíritu» es el que hace que la inteligencia sea espiritual; de otro modo, apenas se diferenciaría de la inteligencia emocional, o incluso de la plena atención al momento presente *(mindfulness).*

Es importante realzar este contraste, particularmente en el mundo de los negocios, donde la palabra «espíritu» es tan controvertida que tiende a diluirse en términos más amplios, como «propósito» y «valores». Por cierto, esto es algo que yo debería conocer bien. He estado enseñando principios espirituales —y llamándoles valores— a audiencias corporativas durante años. En cualquier caso, aunque creo que es conveniente que los empresarios mantengan la religión fuera de la oficina, es importante que sepas que tienes un mentor espiritual en tu propia mente que puede ayudarte en todos los aspectos de tu vida en todo momento. Hasta ahora he venido llamando a este mentor Yo Superior, pero, para dejarlo claro, aquí estamos hablando del Espíritu Santo.

Definir lo indefinible

Antes de avanzar más en lo que el Espíritu Santo puede hacer por tu carrera profesional, creo que sería conveniente entender un poco más lo que el *Curso* dice sobre qué *es* el Espíritu Santo. La manera más simple de explicar un concepto tan grande es indicar que, como nos hemos quedado dormidos ante nuestra igualdad espiritual, el propósito del Espíritu Santo es ayudarnos a despertar. En otras palabras, si el ego es un pensamiento de separación que conduce al miedo, el Espíritu Santo es un pensamiento de conexión que nos devuelve al Amor.

«La misión del Espíritu Santo es abrirles los ojos a los ciegos, pues Él sabe que no han perdido su visión, sino que simplemente duermen».

T-12.VI.4:2

Así, es importante entender que, según el *Curso,* cuando llamas al Espíritu Santo no estás tratando de invocar a algo que está fuera de ti. Hablando espiritualmente, no hay nada «ahí fuera» con lo que conectar. Simplemente estamos conectando con la parte de nuestra mente que es Amor, más allá de las limitaciones de nuestras percepciones egóticas y de nuestro pequeño yo separado. Esta es la razón por la que no «encontramos» el Amor, sino que más bien lo traemos o manifestamos. *¿De qué otro modo entraría el amor a una habitación si no fuera a través de ti?* Así, cuanto más te conozcas a ti mismo como Amor, más fortalecerás el vínculo con tu mentor interno y más crecerá tu capacidad de convertirte en mentor de otros que desde hace mucho están hambrientos de ejemplos de gracia en el ámbito laboral.

Conectar con tu mentor profesional

Si has estado buscando con escaso éxito a tu mentor espiritual interno o mentores laborales externos, la buena nueva es que aunque estas relaciones son muy diferentes en cuanto a la forma, en contenido florecen de manera similar. A saber, empiezas lentamente y con el tiempo vas creciendo mediante una serie sostenida de pequeñas acciones correctas.

Como ejemplo, pensemos en qué harías para encontrar un mentor en tu profesión. Para empezar, probablemente identificarías a alguien que haya estado donde tú quieres llegar y después intentarías establecer la conexión con él. Siendo la persona inteligente que eres, no le pedirías un favor de inmediato. En primer lugar, le darías algo: contribuirías a algún proyecto en el que esté trabajando, compartirías artículos interesantes o simplemente le dedicarías algunos elogios sinceros en el momento oportuno.

Cuando hayas llegado al punto en que la otra persona reconoce tu nombre —como mínimo—, tal vez puedas ir un poco más lejos: plantearle una pregunta sencilla y ver el entusiasmo que pone en ayudarte a responderla. Asumiendo que la respuesta sea positiva, supongamos que esto abre la puerta a un breve encuentro o llamada telefónica.

Este es un progreso excelente, ¿cierto? Tu mentor preferido accede a conversar contigo.

En este punto tienes dos opciones para dar el paso siguiente. Puedes considerarlo como una sesión básica cuyo fin es conocerse y llegas sin un plan o puedes ir con una intención clara de ahondar en la relación. Tal vez pongas sobre la mesa una idea que crees que es relevante para su negocio o tal vez le cuentes un reto profesional y le pidas consejo o incluso ambas cosas. En cualquier caso, el punto importante es que ese trabajo previo no solo da a la conversación cierta estructura, sino que también demuestra que sientes un auténtico respeto por la experiencia de la otra persona y por su apretado programa de actividades.

¿Qué estrategia crees que va a funcionar mejor a la hora de desarrollar una relación a largo plazo? Está claro que el encuentro planeado y, sin embargo, he conocido a muchísimos profesionales que improvisan en sus encuentros con potenciales mentores. Se acercan a grandes oportunidades de este tipo esperando lograr un resultado positivo y después se quedan muy decepcionados cuando la conexión no se materializa o se deshace rápidamente. A menudo estos mismos profesionales esperan que el mentor gestione la relación, dándose cuenta demasiado tarde de que la tradición indica que la

contribución del mentor consiste en ofrecer su tiempo y experiencia, mientras que la labor del pupilo consiste en iniciar la comunicación y encargarse de la logística.

Conectar con tu mentor interno

El proceso de alimentar la relación con un mentor en el entorno laboral es muy similar al de alimentar la relación con tu mentor interno. Para empezar, no te aproximarías a un mentor laboral si él no hubiera conseguido algo que quieres para ti. Esto no significa que siempre busques conexiones basadas solo en la transacción, pero es lo que hace que la relación con el mentor sea diferente de una relación de amistad, por ejemplo. En otras palabras, hay un *toma y daca* relacionado con el objetivo compartido de crecimiento profesional.

En el caso de tu mentor interno, el objetivo también es el crecimiento pero la manera de conseguirlo es muy distinta. El Espíritu Santo no te guía para que puedas recibir lo que tú has hecho especial en el mundo; más bien, restaura tu visión espiritual y de este modo te lleva a trascender el mundo. Tal como no pedirías consejo al dueño de un restaurante sobre cómo defender un caso ante los tribunales, te estarás preparando para una decepción si pides consejo a tu mentor interno sobre cómo conseguir cosas externas. A propósito, esto explica por qué hasta nuestras peticiones más sinceras —nuestras oraciones— a menudo parecen ser ignoradas. Estamos pidiendo cosas específicas —«dame esta cosa que quiero»— y el Espíritu espera pacientemente que le pidamos lo que Él puede proveer: *un milagro.*

Esto significa que, en el *Curso,* al Espíritu Santo le interesa mucho más la sanación de tu mente que cambiar las circunstancias de tu vida y responde a las peticiones únicamente en el nivel del pensamiento. Pero la clave es esta: el milagro ES lo que en último término te cambia la vida. Puesto que «no puedes comportarte de manera apropiada a menos que percibas correctamente» (T-1.III.6:5), esto significa que cuando tus pensamientos están alineados con el Amor, sabes automáticamente las acciones que tienes que emprender para tu mayor bien.

Lleva a tu mentor espiritual al trabajo

Imagina el impacto que conectar con tu guía interno y confiar en él tendría en tu carrera profesional. Para empezar, significaría que, independientemente de la situación que afrontes, ya no tendrías que preocuparte o preguntarte qué *hacer*. Más bien enfocarías tu atención en *cómo pensar* y, cuanto más pienses desde la perspectiva de la mentalidad milagrosa, más descubrirás que esto produce mejores resultados para todos.

Como ejemplo, considera por un momento la diferente energía que llevas a una reunión cuando *tienes* que conseguir cierto resultado y cuando tu intención es simplemente ser útil y estar al servicio. En el primer escenario es muy probable que tu vibración de angustia te impida conseguir lo que deseas. Por otra parte, si cambias de enfoque y en lugar de dedicarte a conseguir un resultado te dedicas a gestionar tu propia percepción, eso abre tu mente a posibilidades que no habías considerado, y los demás estarán más dispuestos a colaborar contigo porque sabrán que no estás tratando de manipularlos. Esto no implica que no vayas a pedir lo que deseas; la clave está en tener claro *dónde te sitúas internamente cuando pides*. Cuando el objetivo es alinear tu perspectiva con el Amor, el *efecto* es que actúas con más sabiduría y compasión. Esto te convierte en alguien extremadamente impresionante —en especial cuando se está bajo presión— sin tener que esforzarte en absoluto por impresionar a nadie.

Así, cuando quieras activar tu guía interna en el trabajo —antes de una reunión importante o de una entrevista, por ejemplo— ten en cuenta esta similitud clave entre el mentor profesional y el mentor interno: en ambas situaciones *tú* eres quien toma las riendas de la relación. En la oficina tu labor consiste en acudir a tu mentor cuando necesitas ayuda, en lugar de esperar que él sepa automáticamente cuándo presentarse para salvarte. Desde una perspectiva espiritual, no solo tienes que tener claro lo que estás pidiendo —un cambio de perspectiva que conduzca a un comportamiento más amoroso—, también has de tener en cuenta el hecho de que para conseguir algo tienes que pedirlo, *punto*.

> **«El Espíritu Santo no puede hablarle a un anfitrión que no le dé la bienvenida, puesto que no sería oído».**
>
> T-11.II.5:1

Escuchar al Espíritu o al ego

Ahora entremos más a fondo en lo que ocurre cuando decides recurrir a la guía interna que el *Curso* denomina el Espíritu Santo. A estas alturas, voy a asumir que ya has incorporado la idea de que por debajo de esas múltiples capas de juicio, especialismo y proyecciones, todos tenemos la pacífica Presencia interna, que nos conduce a «una manera mejor de hacer las cosas».

¿Y ahora qué?

Aunque el *Curso* no usa estas palabras, afirma que el único propósito del Espíritu Santo es brillar como un faro en nuestra mente, guiándonos de vuelta al Amor. O, dicho de otra manera, como todos tenemos pensamientos de miedo (el ego), pensamientos de Amor (el milagro), y la capacidad de elegir entre ellos, el Espíritu Santo nos recuerda suavemente que el Amor es la única opción que nos permitirá experimentar una sensación de paz.

> **«La Voz del Espíritu Santo no da órdenes porque es incapaz de ser arrogante. No exige nada porque su deseo no es controlar. No vence porque no ataca. Su Voz es simplemente un recordatorio. Es apremiante únicamente por razón de lo que te recuerda. Le ofrece a tu mente el otro camino, permaneciendo serena aun en medio de cualquier confusión a que puedas dar lugar».**
>
> T-5.II.7:1-6

En relación con el Espíritu Santo, la mala noticia es que a menudo estamos demasiado distraídos, demasiado confusos y, francamente, demasiado cautivados por los mismos pensamientos que nos impiden oírlo. Por tanto, cuanto más ruido de fondo cree el ego en nuestra mente, menos capaces seremos de sintonizar con el mentor interno que es nuestra única vía de salida. Para complicar el problema todavía más, el ego «siempre habla primero» (T-6.IV.1:2), lo que significa que en cuanto empieces a dar pasos hacia un punto de vista más conectado y amoroso, el ego estará allí inmediatamente, tentándote a creer que estás solo y que no mereces Amor ni éxito de ningún tipo.

Asimismo, a medida que prestes más atención a tu ego, pronto notarás que además de tender a ser el primer pensamiento que oyes, también tiende a ser el *más ruidoso*. Esto es algo que cabe esperar, pero no esperes que la voz del Espíritu Santo se haga más fuerte para competir.

«El dolor es algo ajeno a Él, ya que Él no sabe de ataques y Su paz te rodea silenciosamente. Dios permanece en perfecta quietud, ya que en Él no hay conflicto alguno».

T-11.III.1:5-6

Y aquí llegamos a otra famosa pregunta relacionada con el *Curso:* ¿Cómo sabes cuándo estás escuchando la voz del Espíritu Santo y cuándo estás escuchando la del ego? Dudo que haya algún estudiante del *Curso* que no se haya planteado esto en algún momento, de modo que es probable que cuando empieces a orientarte hacia tu guía interna para que te ayude con los problemas laborales, esta pregunta también surgirá en ti. Y es de gran ayuda que la respuesta del *Curso* sea tan clara:

**«El Curso dice que el ego siempre habla primero
y que está equivocado.**

Para oír nuestra guía interna debemos aquietar nuestra mente, estar dispuestos a renunciar a cualquier inversión que podamos tener en la respuesta y escuchar a esa aquietada vocecita que está dentro de nosotros. El hecho de que nuestra guía interna no sea nunca estridente, y que nos hable con una voz pacífica y amorosa, es una señal de su autenticidad, y creo que todos nosotros tenemos que aprender con la práctica a realizar esta distinción».

William Thetford, coautor, *Un curso de milagros*

Como dijo Bill, cuando entiendes lo que estás buscando, es muy fácil saber qué voz estás oyendo, y esta capacidad se fortalece con la práctica. Dicho de manera sencilla, si oyes un pensamiento de juicio, separación, culpa o vergüenza en cualquiera de sus formas, es del ego. Si oyes un pensamiento de sanación o conexión, se trata del Espíritu Santo. También puedes distinguir qué voz estás escuchando por cómo hace que te sientas. Si un pensamiento hace que te sientas ansioso o que tengas el pecho tenso, puedes estar seguro de que es del ego. Por otra parte, si te sientes relajado y cálido, es del Espíritu. Bill también dijo que como el Espíritu Santo susurra y no le preocupa la forma, si el tono de voz es muy alto o si dice cosas muy específicas, esto también son señales del pensamiento del ego.

Recuerda que a pesar del hecho de que el ego puede causar una enorme cantidad de sufrimiento, y a pesar de que *lo sientes* como si viniera de «ti», al fin y al cabo el ego *no es nada*. No es una entidad ni una fuerza externa que tenga autonomía. Es un pensamiento, y un pensamiento en sí mismo no es más poderoso que una sombra proyectada sobre la acera. Solo nuestra *inversión* en los pensamientos los convierte en creencias. Por lo tanto, recuerda que el ego no es algo que se deba temer; solo es algo que se ha de descartar. Con la ayuda de tu mentor interno *puedes* despedir al ego y dejar de considerarlo tu maestro y, como aprenderás en el capítulo siguiente, puedes hacerlo en este instante.

TRABAJO CON EL *CURSO* Escuchar al Espíritu Santo

«Si no puedes oír la Voz de Dios, es porque estás eligiendo no escucharla. Pero que sí escuchas a la voz de tu ego, lo demuestran tus actitudes, tus sentimientos y tu comportamiento».

T-4.IV.1:1-2

El reto que te planteamos hoy es practicar la escucha de la Voz del Espíritu Santo. Si prefieres no usar estas palabras, está bien. Sustitúyelas por otras que sean más significativas para ti —por ejemplo, escuchar al amor o escuchar a tu guía interno— y aplica el mismo proceso. Por otra parte, dado que este ejercicio funciona bien como meditación, he creado el siguiente resumen detallado para que dispongas de una referencia, y también he preparado una versión de audio que puedes descargar en miraclesatworkthebook.com. Date cuenta de que puedes practicar este ejercicio en cualquier parte, incluso en tu escritorio, y estás invitado a continuar con la práctica mientras te resulte útil.

1. Para empezar, por favor, siéntate en una postura cómoda y cierra los ojos. Toma tres respiraciones profundas, inspirando por la nariz y espirando por la boca. A continuación, siéntate durante unos momentos más en silencio ininterrumpido.

2. Nota cualquier resistencia que puedas tener en torno al concepto de un guía espiritual interno. Nota si esa resistencia viene en forma de juicio, sentimientos de duda o escepticismo, como una sensación de falta de valía —«¿quién soy yo para que el Espíritu me hable?»—, ira, dolor o cualquier otro pensamiento de separación que obstaculice tu capacidad de escucha.

3. Con los ojos aún cerrados, repite la frase siguiente —inspirada por la lección 254 del *Libro de ejercicios*— al menos tres veces,

en voz alta o internamente, mientras te pones las dos manos en el pecho sobre el corazón.

«Que toda voz menos la del Amor se aquiete en mí».

4. Manteniendo la columna erguida, los ojos cerrados y las manos sobre el corazón, siéntate en silencio durante la cantidad de tiempo que te resulte significativa, manteniéndote siempre conectado con el latido del corazón. Mientras escuches al Espíritu Santo, recuerda que no estás pidiendo oír algo específico con respecto a qué hacer ahora. Estás pidiendo guía sobre *cómo pensar* con Amor.

5. Sal lentamente de la meditación tomando otra respiración profunda y diciendo «gracias» al final de la inspiración y también al final de la espiración. Continúa como desees con estas respiraciones de gratitud —inspirando *gracias* y espirando *gracias*— y, cuando estés preparado, abre suavemente los ojos.

Para ahondar en esta práctica de comunicar con el Espíritu Santo, te recomiendo que leas la lección 221 del *Libro de ejercicios* del *Curso* al despertar por la mañana y por la noche antes de irte a dormir; hazlo mientras te sea de ayuda. Repite lentamente varias veces el título de la lección —*Que mi mente esté en paz y que todos mis pensamientos se aquieten*— y simplemente escucha. Si al principio no «oyes» nada, no te preocupes. Mantente enfocado en lo que sientes. Sigue repitiendo estos pasos tal como lo necesites hasta que desarrolles un sentimiento de Amor más intenso hacia ti mismo, tu guía interno y todos los seres, recordando que la sinceridad que aportas al proceso es mucho más significativa que recordar perfectamente los pasos o las palabras. Como el *Curso* dice repetidamente, no puedes fracasar en esto porque el Espíritu

Santo «responderá de lleno a tu más leve invitación» (T-5. VII.6:6), lo que significa que ninguna petición para sanar la percepción queda sin respuesta.

CITAS CLAVE

- «No puedes ver al Espíritu Santo pero puedes ver Sus manifestaciones. Y a menos que las veas no te darás cuenta de que Él está ahí. Los milagros son Sus testigos y hablan de Su Presencia». T-12.VII.4:1-3.

- «La verdad solo puede ser experimentada. No se puede describir ni explicar». T-8.VI.9:8-9.

- «Los milagros demuestran que el aprendizaje ha tenido lugar bajo la debida dirección, pues el aprendizaje es invisible y lo que se ha aprendido solo se puede reconocer por sus resultados». T-12.VII.1:1.

- «…antes de mirar fuera tienes que mirar dentro. Al mirar adentro eliges al guía cuya visión deseas compartir. Y luego miras fuera y contemplas sus testigos. Por eso es por lo que siempre encuentras lo que buscas». T-12.VII.7:1-4.

- «Tú te enseñaste a ti mismo a juzgar; mas tener visión es algo que se aprende de Aquel que quiere anular lo que has aprendido». T-20.VII.8:4.

- «¿Quién camina a mi lado? Debes hacerte esta pregunta mil veces al día hasta que la certeza haya aplacado toda duda y establecido la paz». L-pI.156.8:1-2.

Si sientes la tentación de
desanimarte pensando
cuánto tiempo va a
llevar poder cambiar de
parecer tan radicalmente,
pregúntate a ti mismo: ¿Es
mucho un instante?

T-15.I.11:1

8

EL INSTANTE SANTO

Mitchell era dueño de un negocio de floristería que tenía abiertas cinco tiendas en dos estados. En poco menos de una década había transformado un pequeño préstamo de sus padres en un negocio multimillonario, aunque el gran crecimiento había venido acompañado de grandes gastos y a veces le costaba pagar las nóminas.

Tammy había trabajado para Mitchell desde el principio y fue la primera empleada que él contrató cuando la empresa empezó a despegar. Recién salida de la universidad cuando se unió al equipo, Tammy había demostrado ser lista y fiable, de modo que Mitchell siguió dándole más responsabilidades hasta que, en esencia, ella dirigía todas las operaciones del día a día. A pesar de las tensiones financieras, Mitchell y Tammy siempre habían trabajado bien juntos; es decir, hasta el día en que las cosas dejaron de ser de color rosa.

Todo empezó una mañana cuando Mitchell iba conduciendo hacia el trabajo y recibió una llamada de un viejo amigo y cliente. Después de comentar un pedido que tenía que servirse aquella tarde, Mitchell mencionó de pasada que esperaba que su amigo disfrutara de la tarjeta regalo que le había enviado por ser tan buen cliente.

—No sé muy bien de qué me estás hablando —dijo el amigo— pero si quieres darme algo gratuitamente lo aceptaré encantado.

Mitchell se rió, pero al mismo tiempo sintió un repentino brote de ansiedad.

Algo no iba bien.

Cuando llegó a la tienda, Mitchell preguntó a Tammy por la tarjeta regalo y ella le dijo que la había enviado al cliente la semana anterior. Mitchell no ahondó más, en parte porque tenía muchas ganas de creerla. Sin embargo, después de unas pocas llamadas telefónicas, sus peores sospechas se vieron confirmadas.

El informe de la tarjeta de crédito mostraba que se habían comprado 2.000 euros en tarjetas regalo y sin embargo *ninguno* de los clientes escogidos a los que Mitchell había llamado la había recibido. Cuando confrontó a Tammy con esta información, ella confesó que había estado robando el dinero de las tarjetas durante meses. Después de todo lo que ambos habían pasado juntos, y especialmente sabiendo ella lo importante que era cada euro, podemos decir que Mitchell se sintió desolado.

¿Qué haces cuando la persona en quien confías te decepciona? ¿Cuál es la perspectiva de la mentalidad milagrosa cuando el dolor es más grande que las palabras y estás recogiendo los fragmentos de una relación que nunca volverá a ser igual?

En este caso, Mitchell quiso enviar un mensaje «contundente» a Tammy y al resto del personal. Su manera de gestionar la situación fue despedirla de inmediato, en frente de todos y en términos inequívocos. Como cabría esperar, desde el punto de vista del *Curso,* esto no es una demostración de fuerza.

Una vez que Tammy se fue, Mitchell quiso dejar de representar una y otra vez en su cabeza la confrontación que habían tenido y el hecho de que esto le resultara imposible le enfadaba todavía más. Empezó a tener dificultades para dormir y, aunque siempre había sido algo impaciente, sus cambios de humor empeoraron y ahora parecían durar varios días seguidos.

«¿Por qué soy yo el que se siente torturado aquí?», se preguntaba. «Ella es la que ha cometido un delito. ¿No es *ella* la que tendría que pagar por esto?»

Premisa demente = conclusión demente

Cuando las acciones de otra persona te han perjudicado, es esencial entender los obstáculos a la paz —que se comentaron el capítulo 4—. En otras palabras, es importante reconocer que en realidad no estás «perdiendo» tu compostura, *la estás regalando* cada momento que te consideras a ti mismo una víctima inocente de la traición de otra persona. Como dice el *Curso*:

> **«No te puedes enfadar a no ser que creas que has sido atacado, que está justificado contraatacar y que no eres responsable de ello en absoluto. Dadas estas tres premisas completamente irracionales, se tiene que llegar a la conclusión, igualmente irracional, de que un hermano merece ataque en vez de amor. ¿Qué se puede esperar de premisas dementes sino conclusiones dementes?»**
>
> T-6.In.1:3-5

En una mente donde el miedo se ha consolidado convirtiéndose en enfado, es prácticamente imposible dejar de rumiar una situación dolorosa, por más que uno lo intente. Este es un estado en el que *crees que has sido atacado,* lo que te suele llevar a contraatacar —aunque «solo» sea en tu cabeza—, mientras crees que los resultados de tu ataque no son culpa tuya. Como hemos visto, este ciclo de ataque/defensa crea las «conclusiones dementes» —el dolor de la vida— hasta que el dolor acaba dominando y el ciclo vuelve a empezar.

Por supuesto, la verdadera «premisa demente» a la que se refiere el *Curso* aquí es que tú puedas ser atacado al nivel del espíritu. Sí, tu cuerpo es vulnerable al ataque —tanto físico como emocional—, *pero tú no eres tu cuerpo*. Esto es lo que debes reconocer para reclamar la paz y la sensación de poder que te permite elegir el Amor en lugar del miedo. Saber que eres mucho más que un cuerpo es un primer paso para saber que cuando pides un milagro al Espíritu Santo —sea cual sea el nombre por el que le llames—, en realidad lo que estás pidiendo es reconocer esta Verdad con respecto a ti mismo y a los demás.

> **«La iluminación es simplemente un reconocimiento, no un cambio».**
>
> L-pI.188.1:4

Dicho de manera simple, tu liberación del miedo no consiste en rezar para que la situación o la otra persona cambien. Una vez más, se trata de *reconocer eso que no puede cambiar*. Esto implica rezar para ver más allá de las proyecciones, de la separación y del especialismo del ego dentro de tu mente, y cuando esto ocurre —aunque sea por un momento— el *Curso* lo denomina el *instante santo*.

¿Qué es el instante santo?

Para entender qué es el instante santo, antes debes entender quién eres tú. La pregunta que marca un punto de inflexión en tu recorrido con el *Curso* es esta: ¿Crees que eres una extensión perfectamente completa del Amor, eternamente una con Todo lo que es, o crees que eres un cuerpo, separado y vulnerable a los ataques de otros cuerpos? Una vez más, si crees que el Amor es perfecto y existe en ti, entonces, desde la perspectiva del *Curso*, *tiene* que existir perfectamente en todos, porque de otro modo no podría existir perfectamente en ti. Como hemos visto en el primer capítulo de este libro, perfecto *en uno* significa perfecto *en todos*.

«Pero no te olvides de que la fe que tengo en todos tus hermanos tiene que ser tan perfecta como la que tengo en ti, pues, de lo contrario, el regalo que te hago sería limitado».
T-15.VI.2:4

El instante santo no es más —ni menos— que saber que esto es verdad. Es un momento que ocurre en el tiempo y sin embargo más allá del tiempo, porque no estás filtrando tu percepción a través de lo ocurrido en el pasado o de lo que esperas que ocurra en el futuro. Simplemente estás usando la visión espiritual, con la ayuda del Espíritu Santo, para ver la perfección en Todo lo que está presente ahora mismo, *en este instante*.

No hay pasado en el presente

¿Recuerdas que tus sentimientos y acciones están impulsados por el significado que das a la experiencia? *¿De dónde crees que viene dicho significado?* Si dejas que el ego esté al cargo, puedes apostar a que la mayor parte del significado estará enraizado en el pasado.

Volviendo a la historia de Mitchell, esta es la razón por la que aún se enfada cuando se menciona el nombre de Tammy, a pesar de que han pasado años desde que la despidió. Nota aquí los clásicos patrones del ego: especialismo, proyección y sabotaje a tu propio Ser. Al aislar a Tammy por su *conducta en el pasado* y hacer de ella la diana de su «odio especial» en el presente, Mitchell se asegura de que no cambie nada en el futuro. Seguirá sintiéndose molesto, con todos los desgraciados efectos secundarios que conlleva elegir elevar a los altares su propia energía negativa, y no sabrá que la causa de su desdicha son sus propios pensamientos.

El instante santo es la admisión de que esto no funciona.

> **«Cuando de alguna manera tu paz se vea amenazada o perturbada, afirma lo siguiente: no conozco el significado de nada, incluido esto. No sé, por lo tanto, cómo responder a ello. No me valdré de lo que he aprendido en el pasado para que me sirva de guía ahora».**
>
> T-14.XI.6:6-9

En el *Curso,* cuando se dice que no uses «el aprendizaje del pasado» como guía, se te está advirtiendo de que no uses *al ego* como guía. Sin embargo, si en primer lugar «tu paz está amenazada», esto ya es una señal de que estás en el territorio del ego; probablemente porque, como Mitchell, has traído algo del pasado al presente y le has dado el poder de herirte aquí y ahora.

Por lo tanto, cuando dices: «No conozco el significado de nada, incluido esto», la idea es que ya no eliges confiar en tu propio juicio de la situación, y esto es lo que te abre a recibir guía. No es posible exagerar la importancia de este paso porque cuando pides un instante santo —y esto es algo que el *Curso* dice que debes hacer para poder recibirlo—, *no podrás escuchar la respuesta si crees que ya sabes cuál es.* Este simple acto de aceptar que no sabes qué es mejor, en lugar de insistir tercamente en que sí, es lo único que necesitas para crear una mínima brecha de espacio de tu mente. Y ese es todo el espacio que necesitas para elegir un nuevo profesor.

¿Qué ocurre en un instante santo?

Digamos que alguien con quien trabajas te ha decepcionado. Has pedido un milagro, lo que significa que has pedido una nueva perspectiva en forma de un instante santo, y ahora estás sentado en tu escritorio con una pregunta en mente:

¿Qué ocurre a continuación?

Si estás esperando un momento de compresión inmediata en el que se abran las nubes, probablemente te sentirás decepcionado. No estoy negando que eso pueda ocurrir; simplemente no ha sido mi experiencia ni la de ninguno de mis grupos del *Curso*. Más bien, lo que suele ocurrir después de pedir un instante santo es… *nada.* Sigues adelante como de costumbre y la única diferencia es que ya no impones tu voluntad cociendo ansiosamente tu futuro ni repasando diferentes escenarios «de lo que pasaría si…» en tu cabeza. *Simplemente estás abierto al misterio.* Has enviado una oración al universo y la rapidez con que recibas respuesta a dicha oración —tanto si tarda un minuto, una hora, un día o incluso semanas— depende de lo dispuesto que estés a apartarte de tu propio camino. Dicho esto, como norma general, sabrás que ha llegado un instante santo cuando puedas distinguir tres cosas: (1) reconoces que la causa de tu sufrimiento no es la otra persona ni su conducta, sino *tus propios* pensamientos del ego, (2) el ego solo es una falta de amor y (3) el remedio es el perdón.

Como ya hemos visto las dos primeras, ahora es el momento de abordar la piedra angular del *Curso,* a saber: su reencuadre radical del tema del perdón.

¿Qué es el perdón para el *Curso?*

Cuando oyes la palabra *perdón,* ¿qué es lo primero que te viene a la mente? Para muchos es un gesto de gracia que una persona dedica a otra que la ha insultado o que ha abusado de ella. Si bien esta es la definición que el mundo da del perdón, para el *Curso* esto solo es otra forma de separación —lo que significa que es otra manera de considerarnos «más que» o «menos que» alguien—, lo que la convierte en otra forma de ataque del ego. De hecho, la idea de perdonar a alguien porque intentas ser «caritativo» o quieres «liberarle del anzuelo» es lo que el *Curso* llama *perdón-para-destruir.*

> «...el caso en el que una persona "mejor" se digna a rebajarse para salvar a una "inferior" de lo que en realidad esta es. En este caso, el perdón se basa en una actitud de amable altivez tan lejana al amor que la arrogancia jamás podría desalojarse. ¿Quién puede perdonar y despreciar al mismo tiempo?»
>
> S-2.II.2:1-3

Aquí presta mucha atención al lenguaje: el «grácil señorío» necesario para «rebajarse» a «salvar» a otra persona por saber «quién es verdaderamente» es «arrogancia» tan astutamente disfrazada que se percibe como «amor». Esto significa que, en el *Curso,* el verdadero perdón no es ver a la otra persona como «equivocada pero perdonada» —lo que implica que tú tienes «razón» y, por tanto, eres «mejor»—; más bien, el verdadero perdón es saber que la esencia sagrada que esa persona *siempre* tiene razón.

Evidentemente esto es difícil, en particular cuando te sientes violado o traicionado por alguien, *y esa es exactamente la razón por la que necesitas ayuda.* El yo inferior no puede alcanzar este nivel de perdón por sí mismo, en gran medida porque el yo inferior *es* el ego, y el ego necesita el conflicto para sobrevivir. Así, al pedir un milagro, en realidad lo que estás pidiendo es la visión espiritual que se necesita no solo para perdonar la conducta, sino para suspender totalmente el juicio.

Aquí el perdón no es tanto una cosa agradable que se hace para demostrarse a sí mismo y a los demás lo generoso que uno es; más bien es un requisito para *tu propia* felicidad y para retener *tu propio* poder. En otras palabras, no puedes ser verdaderamente feliz ni estar sereno a menos que estés en paz, y no puedes estar en paz a menos que perdones.

Cinismo   Juicios

Decepción   Agobio

Frustración   Yo Superior   Tristeza

Confusión   Enfado

Proyección   Especialismo

Figura 2
El Yo Superior/Espíritu Santo en medio de una selección de trampas del ego.

Piensa en esto como si fuera un círculo en el que el Yo Superior/ Espíritu Santo está en el centro y todos los pensamientos del ego se sitúan en el borde exterior. Cuanto más te enfoques en el eje central, más alineados estarán tus pensamientos con el Amor, lo que producirá comportamientos que reflejen sabiduría y compasión. Por otra parte, cuanto más permitas que tus pensamientos se muevan por el borde externo, menos pensarás en el Amor, lo que producirá menos conexión y más miedo. *¿Cuál crees que te hará más eficaz en tu trabajo?*

Volviendo a Mitchell, ¿crees que se habría comportado de otra forma si se hubiera tomado el tiempo de pedir un milagro y antes de encontrarse con Tammy hubiera elegido verla como su Yo Superior? Sí, aún habría tenido que despedirla y, sí, incluso es posible que hubiera presentado cargos, pero imagina cuánto mejor habrían ido las cosas si Mitchell hubiera abordado la situación sin estar completamente perdido en el borde externo de su ego. Imagina que hubiera tomado un momento para recordarse: *"No conozco el significado de nada, incluido esto"*, y que hubiera dejado sitio para que entrara el Amor, en lugar de creer que su enfado era su «fuerza» y de permitir que consumiera todo su ser.

Mitchell asumió que la inteligencia espiritual, y en particular la noción de perdón, le habrían hecho parecer «débil» y, sin embargo, su historia deja claro que la verdadera debilidad es el pensamiento del ego. Según la versión del *Curso,* perdonar no es una forma de complacencia o permisividad. Pedir un milagro por medio de un instante santo no significa que no vayas a actuar cuando sea necesario; solo significa que cuando actúes, tu acción saldrá desde el reconocimiento de que, al nivel más profundo, la otra persona es una contigo. Puedes hacer esto sin mimarla y sin abandonar todos los límites. De hecho, ni siquiera tienes que *ver* físicamente a la otra persona para poder entregar tu enfado y los juicios *con respecto* a ella, puesto que, como hemos señalado, esto es algo que debes hacer por tu propio bien. Por eso el perdón no consiste en evitar ni en negar el hecho de que has experimentado una situación verdaderamente dolorosa. Se trata de negar que la situación tenga el poder de afectar cómo eliges comportarte y liderar a otros. *Esto no hace de ti un felpudo.* Como puedes ver, el perdón es tu fuerza porque te separa de la compulsión, que tiende a empeorar las cosas a largo plazo.

Recuperar tu poder

Resulta muy fácil quedarse atrapado en la creencia de que los retos que afrontamos *solo* se resuelven cuando conseguimos el resultado deseado —por ejemplo: cuando esta persona se vaya, me sentiré feliz—, porque esto hace que nuestro poder esté fuera de nuestro control directo. El verdadero poder viene de saber que no necesitamos que las circunstancias externas sean de cierta manera para dar lo mejor de nosotros. Si crees que hace falta un milagro para practicar esto de manera consistente, tienes toda la razón. El *Curso* dice que efectivamente hace falta un milagro, y el instante santo es lo que ocurre cuando lo pides.

En el último capítulo indiqué que es reconfortante pensar que el milagro es ese momento en que el Espíritu Santo entra a resolver todos tus problemas; sin embargo, es importante recordar que Él no es el genio de la lámpara. Recibes respuesta a tu petición de reemplazar los pensamientos de juicio, ataque y separación por pensamientos de Amor. Así, la petición no es: *Por favor, asegúrate de que nunca vuelva a experimentar esto*; sino más bien: *Por favor, ayúdame a reorganizar mis pensamientos de ira para que pueda ver a esta persona de otra manera.* Se trata de una distinción sutil pero importante, porque el objetivo no es deshacerse de todos los pensamientos de separación y juicio. Este, ciertamente, es un noble objetivo, pero no es muy práctico para nuestro propósito. Más bien, el objetivo es no tener pensamientos del ego «que desees conservar» (T-15.IV.9:2). Y, como siempre, sabrás que te estás aferrando al pensamiento del ego cuando pierdas la sensación de paz.

* * *

Así, a modo de resumen rápido, si estás atrapado en el borde externo, en los patrones de pensamiento del ego, antes o después eso afectará a tu comportamiento y también a tus resultados. Por lo tanto, si quieres que tus *resultados* mejoren, tienes que remontar el sendero hasta la fuente —tus pensamientos— y pedir un milagro —un cambio de perspectiva— que te permita perdonar —el instante santo—. Según el *Curso*, el Espíritu Santo es tu «Ayudante» en este proceso, pero no te equivoques: ya estás haciendo buena parte del trabajo duro cuando te das cuenta de ese momento en el que te deslizas hacia el miedo, pides ayuda y permaneces abierto a la guía que recibes.

Dicho esto, habrá muchos momentos de este proceso en los que meterás la pata. Habrá momentos en que enviarás el *email* que no deberías haber enviado, dirás lo que no deberías haber dicho y te comportarás de una manera tal que te resultará difícil perdonarte a ti mismo. En estas situaciones ya no das vueltas a lo que otros han hecho, sino a lo que tú has hecho como reacción a sus actos... y la culpa es densa. Está claro que ha llegado el momento de elegir de nuevo.

En el *Curso,* a la práctica de deshacer las decisiones basadas en el ego se le llama *expiación.* En la expiación se te pide sobre todo que reflexiones sobre tus propios pensamientos y que retornes «al punto donde se cometió el error» (T-5.VII.6:5). Como para el *Curso* un «error» es una falta de Amor, esto significa que devuelvas tu mente al momento en el que permitiste que el ego se adueñara de la situación. En otras palabras, al momento en que tenías que tomar una decisión entre el Amor y el miedo... y elegiste el miedo.

A continuación, el *Curso* sugiere que «expíes» este error entregándolo con la oración siguiente:

**«Debo haber decidido equivocadamente porque no estoy en paz.
Yo mismo tomé esa decisión, por lo tanto, puedo tomar otra.
Quiero tomar otra decisión porque deseo estar en paz.
No me siento culpable porque el Espíritu Santo, si se lo permito,
anulará todas las consecuencias de mi decisión equivocada.
Elijo permitírselo, al dejar que Él decida en favor de Dios por mí».**

T-5.VII.6:7-11

Cuanto más practiques el perdonarte a ti mismo y a los demás mediante el proceso del instante santo y la expiación, más descubrirás que las cargas de la culpa y la vergüenza se van deshaciendo, llevándose consigo todo lo que se interpone entre la percepción sanada y tú. Como aprenderás en el próximo capítulo, cuando la mente quede limpia de la basura del ego, estarás preparado para entrar en tu verdadero propósito, tanto en tu trabajo como en el mundo.

TRABAJO CON EL *CURSO* El hábito de perdonar

«¿Deseas una quietud que no puede ser perturbada, una manse-
dumbre eternamente invulnerable, una profunda y permanente
sensación de bienestar, así como un descanso tan perfecto que
nada jamás pueda interrumpirlo?
El perdón te ofrece todo eso y más».
L-pI.122.1:6/2:1

La lección 122 del *Libro de Ejercicios* del *Curso* se titula *El perdón
me ofrece todo lo que deseo*. Para nuestra práctica de hoy, vamos a
poner a prueba esta afirmación haciendo del perdón un hábito
diario. Este ejercicio no requiere usar bolígrafo para anotar en
el diario y no debería consumir más de entre tres y cinco minutos en cada ocasión. De hecho, para empezar, lo único que
necesitas es plantearte estas dos preguntas por la noche, antes de
ir a la cama: *¿A quién no he perdonado?* y *¿Qué tengo que dejar ir?*

A medida que surjan en tu mente pensamientos sobre situaciones e individuos específicos, recuerda que, cuando hablamos de perdón en el *Curso*, la idea no es pasar por alto
los problemas que tenemos que abordar. La clave está en corregir
nuestra percepción para que seamos capaces de ver al Perfecto
en todo, incluso en acciones que a menudo son imperfectas.

«Contempla a tu hermano con esta esperanza en ti y comprenderás que él no pudo haber cometido un error que hubiese
podido cambiar la verdad acerca de él».
T-30.VI.10:1

Si examinas de cerca la frase anterior, te darás cuenta de
que la palabra «comprenderás» viene después de la palabra «esperanza». Es importante reconocer esto porque significa que
cuando inicias esta práctica estando dispuesto a ver la verdad,

la visión te será dada. Y así, cuando te tomes tiempo para plantearte estas preguntas en una sesión de «mini-expiación» al final del día, es posible que no entiendas *cómo* ocurre, pero conocerás el verdadero perdón cuando lo sientas. Y eso bastará para saber que el Amor es Real.

CITAS CLAVE

- «El instante santo es el recurso de aprendizaje más útil de que dispone el Espíritu Santo para enseñarte el significado del amor. Pues su propósito es la suspensión total de todo juicio». T-15.V.1:1-2.

- «Cuando sientas que la santidad de tu relación se ve amenazada por algo, detente de inmediato y, a pesar del temor que puedas sentir, ofrécele al Espíritu Santo tu consentimiento para que Él cambie ese instante por el instante santo que preferirías tener. Él jamás dejará de complacer tu ruego». T-18.V.6:1-2.

- «Si recuerdas el pasado cuando contemplas a tu hermano, no podrás percibir la realidad que está aquí ahora». T-13.VI.1:7.

- «En el instante santo no ocurre nada que no haya estado ahí siempre. Lo único que ocurre es que se descorre el velo que cubría la realidad. Nada ha cambiado». T-15.VI.6:1-3.

- «Tú que quieres la paz solo la puedes encontrar perdonando completamente». T-1.VI.1:1.

- «No hay falsa apariencia que no desaparezca, si en lugar de ella pides un milagro». T-30.VIII.6:5.

Como expresión de lo que
verdaderamente eres, el
milagro sitúa a la mente
en un estado de gracia.
La mente, entonces, da
la bienvenida tanto al
huésped interno como
al desconocido externo.
Al invitar adentro al
desconocido, este se
convierte en tu hermano.

T-1.III.7:4-6

9

TU FUNCIÓN PRINCIPAL

Tal vez hayas notado que el *Curso* hace algunas afirmaciones bastante atrevidas sobre la naturaleza de la realidad. Después de todo, te pide que creas que Dios es la presencia *omniabarcante* del Amor, que el sufrimiento es el resultado de olvidar nuestra conexión con el Amor y que la sanación se produce con un cambio de percepción concedido por el Espíritu Santo cuando se lo solicitamos.

Es mucho que comprender, ya lo sé.

Por lo tanto, suspendamos por un momento la teología del *Curso* y consideremos una cuestión profesional y práctica: *¿Qué tipo de profesional quieres ser?* Si estás leyendo un libro como este, creo que es seguro asumir que quieres hacer algo más que limitarte a ir tirando en tu trabajo. Presumiblemente tu objetivo es ascender, lo que finalmente exigirá asumir puestos de liderazgo.

Esto nos devuelve al debate en torno a los comportamientos que *merece la pena tener,* así como a la cuestión de si ser manipulado por los pensamientos y emociones del ego es compatible con acumular influencia. A estas alturas todos conocemos la respuesta y, sin embargo, al considerar la profunda presencia que se necesita para inspirar y motivar a otros, parece que incluso las mejores intenciones a menudo se vienen abajo por la multitud de obstáculos que suelen surgir en la típica jornada laboral:

Problemas interpersonales.

Plazos de entrega y presión para producir resultados.

Compañeros de equipo que no son fiables.

Sentirse incapaz de efectuar cambios.

Sentir que no se nos respeta.

Sentirse ignorado.

Sentirse abrumado.

Pérdida de empleo.

Confusión de roles.

Evaluaciones.

Problemas personales o de salud que afectan al rendimiento.

Dilemas éticos.

Reestructuraciones organizativas, etc.

Reducido a su nivel más básico, cada uno de estos obstáculos —y hay muchos otros como ellos— representa la oportunidad de elegir cómo percibir y responder, lo que el *Curso* describe como la elección entre la «pequeñez y la grandeza» (T-15.III). Como dice el texto:

«Cada decisión que tomas procede de lo que crees ser y representa el valor que te atribuyes a ti mismo. Si crees que lo que no tiene valor puede satisfacerte, no podrás sentirte satisfecho, pues te habrás limitado a ti mismo».
T-15.III.3:3-4

Piensa en esto por un momento. Cada decisión que tomas procede de lo que crees ser.

En esencia, el *Curso* siempre te ha presentado esto como una elección entre la pequeñez (ego) y la «grandeza» (Amor), y hasta el momento he tratado de delinear por qué la elección de la pequeñez está ligada directamente con todas las formas de infelicidad e implosión profesional.

Esta es la razón por la que el principio de expiación, que se introdujo en el último capítulo, *es vitalmente importante* en la práctica del *Curso*. Representa específicamente el momento de *volver a elegir*. La expiación se produce cuando recuerdas tu Grandeza, independientemente de las circunstancias, y es desde esta perspectiva propia de la mentalidad milagrosa de donde emerge el verdadero liderazgo. Evidentemente, las acciones que emprendes conociendo tu verdadero Ser son la cima más alta —la mayor recompensa— de la inteligencia espiritual.

En cualquier caso, no solemos mirar nuestra vida desde una perspectiva milagrosa. En realidad hacemos lo contrario. Generalmente empezamos examinando nuestras *circunstancias* y *después* determinamos nuestra capacidad de liderazgo, basándonos en si creemos que estamos afrontando un problema «grande» o uno «pequeño». Pero, *¿qué problema podrías afrontar que fuera mayor que la Grandeza que vive en ti?*

Por lo tanto, en lugar de mirar el mundo a través del filtro de los retos que afrontas con la esperanza de encontrar la Grandeza en el centro, el *Curso* te pide que veas el mundo a través de tu Grandeza, lo que te permite afrontar cualquier incertidumbre existencial con la certeza del Espíritu.

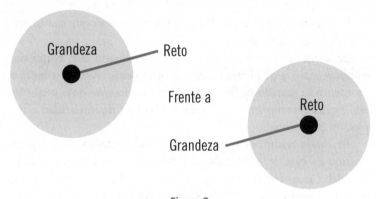

Figura 3
Cuando afrontas un reto, ¿qué ves primero: la profundidad del problema o la
profundidad de tu Grandeza?

Aquí es cuando la inteligencia espiritual se convierte en mucho más que una herramienta para el crecimiento profesional; se convierte en un cambio fundamental de tu manera de ver el mundo. En resumen, cuando sabes que eres la *Grandeza misma,* accedes a una «majestuosa calma interna» (T-18.I.8:2), tan poderosa que cualquier pequeñez que trate de romperla solo puede romperse contra ella.

Así, desde la perspectiva del *Curso,* tu función principal no es buscar tu Grandeza, porque nunca la has perdido. Más bien, tu función es buscar la *pequeñez* dentro de tu manera de pensar y expiarla pidiendo un milagro, y a continuación simplemente hacer otra elección.

«Mas debes canalizar todos tus esfuerzos contra la pequeñez, pues para proteger tu grandeza en este mundo es preciso mantenerse alerta».
T-15.III.4:4

Una vez que el ego queda apartado, el Amor y la Grandeza del Yo Superior brillarán de manera natural en tu comportamiento. Por eso el *Curso* dice que la «única responsabilidad» del obrador de milagros es «aceptar la Expiación para sí mismo» (T-2.V.5:1). Al aceptar la expiación —es decir, al reorientar los pensamientos hacia la conciencia del ser que compartimos—, no solo estás abordando el problema donde puede ser resuelto —tu mente—, también estás haciendo una demostración a los demás del poder que albergan en sí mismos. Dicho de manera simple, a medida que *tus* pensamientos sanan, desarrollas automáticamente la capacidad de sanar a otros mediante el ejemplo de tu verdadera Grandeza en el entorno laboral.

Tu función principal

Esta es la razón por la que tu trabajo más importante, independientemente de lo que diga tu tarjeta comercial, es *ser la luz* brillante que disipa la oscuridad del ego. Tu «profesión», como la llama el *Curso* (T-1.III.1.10), es encarnar la Grandeza, que es tu «herencia natural» (T-In.), y la manera de hacerlo es retirar la pequeñez de tu propia mente mediante el perdón, momento a momento.

> **«Yo soy la luz del mundo.**
> **Esa es mi única función.**
> **Por eso es por lo que estoy aquí».**
> L-pl.61.5:3-5

Por tanto, ¿cómo serían las cosas si tu objetivo diario fuera simplemente ser una luz en tu oficina? ¿En qué sentido te comportarías de manera diferente si realmente creyeras que el perdón es tu *primer* trabajo y todo lo demás es secundario? ¿Cómo tratarías a tus colegas si, desde el momento en que abrieras los ojos por la mañana hasta el momento de cerrarlos por la noche, tu creencia esencial fuera que tú y todos los que te rodean sois el santo hogar de la Grandeza misma?

Si piensas que esto suena ingenuo, compáralo con el tipo de profesional que aspiras a ser. En mis cursos he pedido a cientos de ejecutivos que completen un ejercicio de escritura libre en el que deben describir a un líder al que respeten profundamente y decir el porqué. Teniendo en cuenta que solemos admirar a los demás por cualidades que nos gustaría tener, el resultado final de este proceso es la identificación de dichas cualidades y emprender acciones para desarrollarlas.

Como cabría esperar, en estos cursos han surgido algunos debates notables sobre qué significa ser un gran líder y puedo afirmar que, sin excepción, todos los que eran identificados como merecedores de un gran respeto recibían ese reconocimiento porque estaban auténticamente situados en su Grandeza. Por supuesto que este no es el lenguaje que se usa habitualmente en el mundo de los negocios, aunque el *efecto* es exactamente el mismo. Como siempre, lo importante es la energía y la presencia que surgen de manera natural cuando la mente está alineada con el Amor. Como ejemplo, aquí incluyo la descripción de su antiguo supervisor que hace una participante en uno de mis talleres. Por favor, nótese que se trata de escritura libre, que es básicamente una corriente de conciencia reflejada en la página.

> «El simple hecho de estar cerca de él es transformador: es la encarnación de la verdadera bondad y, sin embargo, no tiene miedo de tomar decisiones duras. Es atento y tiene sentido del humor. Es consciente de sí mismo y de los demás. Es digno, calmado, enfocado, alegre, auténtico, espíritu libre, se siente cómodo en su propia piel, no se toma a sí mismo demasiado en serio. Es humilde, muy paciente, y también está lleno de una confianza serena y de una profunda comprensión y paciencia por lo que significa ser un ser humano y la naturaleza de la mente humana. Habla lentamente y con cuidado y nunca parece que necesitara estar en otra parte que donde está».

Lejos de ser ingenua, yo argumentaría que en realidad esta es la manera más sofisticada de mostrarse al mundo. *¿Quién no querría trabajar con alguien así? O, todavía mejor, ¿quién no querría **ser** un líder así?*

Convertirse en un líder con Grandeza

De modo que ahora la pregunta es: ¿Qué hace falta para convertirse en un líder con Grandeza? Según el *Curso,* la clave reside en «mantenerse continuamente consciente de la propia grandeza» (T-15.III.4:5), lo que significa ver, *en primer lugar,* con la visión espiritual y, en segundo lugar, con la visión física. Esta es la razón por la que necesitamos practicar el perdón a cada momento. Es el *perdón,* a través del instante santo y de la expiación, el que devuelve nuestra perspectiva al Amor y nos permite ver lo divino en lo humano. Como tal vez sepas, a esto nos referimos cuando usamos la palabra *namasté,* que se traduce aproximadamente como: «Me inclino ante lo divino en ti» o «lo divino en mí saluda a lo divino en ti». Es de vital importancia que comprendas esta definición del perdón, porque de otro modo malinterpretarás tanto la Grandeza como tu función.

Por ejemplo, si entiendes que tu función es «ser la luz» sin entender este contexto particular de Grandeza, podrías simplemente asumir que tu objetivo es derrochar afecto hacia las demás personas. Si bien esto puede describirse como una forma de amor, es un objetivo equivocado para nuestro propósito, porque es claramente inapropiado en el entorno de los negocios.

Por lo tanto, te sentirás aliviado al saber que realizar tu función de Amar no implica moverte por la oficina en un empalagoso estado de dulzura. Este libro contiene muchas historias que resaltan el hecho de que ni siquiera tiene que *gustarte* alguien para reconocer lo Sagrado en esa persona, y es importante indicarlo porque siempre te tocará trabajar con personas con las que no elegirías estar en otro contexto. Dicho esto, el punto que el *Curso* está estableciendo aquí es que el mejor modo de demostrar Amor es *mantenerse vigilante para rechazar todo lo que no es Amor.* O, dicho de otra manera, tomamos conciencia de la Grandeza mediante la liberación de la pequeñez, y la liberación de la pequeñez se produce con la práctica del perdón. Si bien el *Curso* no presenta este proceso como un camino lineal y paso a paso, es de esperar que a estas alturas ya tengas la sensación de que, basándonos en lo que hemos visto hasta ahora, está emergiendo un orden.

La Grandeza es la presencia del Amor sagrado dentro y alrededor de todas las cosas vivas.

Los pensamientos del ego nos impiden tomar conciencia de este Amor.

La expiación es el momento en que vemos la elección entre el Amor y el miedo (el ego) y elegimos el Amor.

Orar es pedir que la Visión espiritual se imponga sobre nuestras percepciones limitadas.

El instante santo es el resultado de nuestras oraciones cuando el Amor llega a ser plenamente accesible para nosotros.

El perdón es el resultado del instante santo cuando vemos la Grandeza en los demás, más allá de cualquier diferencia de los cuerpos o de las personalidades.

El milagro es el resultado del perdón cuando nuestra perspectiva queda sanada mediante el retorno al Amor, permitiendo así que opere a través de nosotros.

Nuestra **función especial** es la llamada a extender el milagro de la perspectiva sanada a otros.

Como puedes ver, recibir un milagro es mucho más que recitar una oración y esperar el momento del *ajá*. De hecho, cuando llega el momento del *ajá* —cuando sientes la sensación de paz procedente de la expiación y del perdón— tu «trabajo» todavía no está hecho. No basta con experimentar el milagro para ti mismo y detenerse ahí. «Ser la luz» es brillar con fuerza mostrando a otros una manera mejor de hacer las cosas. Como siempre, no tienes que mencionar ninguna de estas ideas a tus compañeros de trabajo y, francamente, probablemente es mejor que no lo hagas. Compartir —o «extender», como lo llama el *Curso*— solo significa que, a medida que *tú* vives desde estos principios, demuestras lo que el *Curso* llama «Representar la Alternativa» (M-5.III.2:6).

Optar por la Grandeza

Mi ejemplo favorito de cómo poner este concepto en acción se produjo recientemente durante un taller para profesionales organizado por Marianne Williamson. En la sesión de preguntas y respuestas, una mujer de unos cuarenta y tantos se puso de pie y empezó a contarnos, con lágrimas en los ojos, una serie de reveses demoledores que le habían ocurrido. Su trabajo era un callejón sin salida. Su marido abusaba de ella. No tenía dinero para alimentar a sus hijos. A medida que cada dificultad era más inquietante que la anterior, todos nos fuimos quedando mudos en un silencio sepulcral; estaba claro que su sufrimiento podía sentirse profundamente en toda la sala.

—Simplemente no sé qué más hacer —concluyó la mujer.

Después de escucharla con atención, Marianne tomó una breve pausa para ordenar sus pensamientos y, a continuación, respondió suavemente:

—Esa es una historia increíble y apuesto a que la gente te presta mucha atención cuando la cuentas. Pero yo no voy a ir ahí contigo.

Estas palabras fueron pronunciadas con un nivel apropiado de compasión, pero vibraron en el aire con una resolución inequívoca.

Esto es «representar la alternativa», como describe el *Curso*. Lo único que la mujer veía en sí misma era pequeñez, mientras que lo único que Marianne veía en ella era Grandeza. Identificación con el cuerpo frente a identificación con el espíritu. Además, al indicarle delicadamente a esta mujer su atracción hacia el dolor, Marianne no solo nombró el principal obstáculo que le impedía reconocer su poder, también nos indicó a los miembros del público que estábamos reforzando su percepción de víctima al prestarle atención con nuestras caras de «¡oh, qué pobre!»

> **«Sentir empatía no significa que debas unirte al sufrimiento, pues el sufrimiento es precisamente lo que debes negarte a comprender. Unirse al sufrimiento de otro es la interpretación que el ego hace de la empatía, de la cual siempre se vale para entablar relaciones especiales en las que el sufrimiento se comparte».**
>
> T-16.I.1:1-2

Hasta que Marianne rompió el hechizo, por así decirlo, el ambiente de la sala estaba cargado de lo que nosotros pensábamos que era empatía, cuando, en realidad, lo único que estábamos haciendo era «unirnos a su sufrimiento». Según establece el *Curso,* esta es la versión que el ego tiene de la empatía, porque no libera a la otra persona del miedo; más bien, *fortalece* el miedo que nos mantiene *a todos* atascados.

Piensa en esos momentos de tu propia carrera profesional en los que alguien se acercó a ti con un problema y, en lugar de ser un modelo del Yo Superior en acción, te hundiste en la pequeñez. Todos hemos estado ahí, bien participando en los chismes de la oficina o tomando partido en una discusión insustancial; y así, siendo «pequeños», además de negar nuestra Grandeza, hemos negado a otros la oportunidad de ver la suya.

Esta es la razón por la que no quieres hacer un ídolo de tu propio sufrimiento, ni tampoco quieres dar permiso a otros de que hagan eso en tu presencia. Durante demasiado tiempo nuestras luchas no han sido usadas como puentes hacia una vibración superior, sino como escaleras sobre las que erigir identidades de miseria. Por desgracia, tendemos a quedarnos mirando y maravillarnos ante el dolor, mientras que el puente hacia el crecimiento pasa inadvertido y queda sin usar.

Es innecesario añadir que hay que distinguir entre un análisis sano del problema para evitar errores futuros y la fijación insana en el sufrimiento como excusa para seguir en la pequeñez. Solo tú puedes saber lo que es verdad para ti, pero, volviendo a la mujer del taller de Marianne, quedó claro que había estado llevando consigo la carga de la pequeñez durante años y ya era hora de cambiar de historia.

Sosteniendo una visión de su Grandeza, Marianne le estaba diciendo en esencia: «Independientemente de cómo te veas a ti misma, yo voy a ver la Verdad de quién eres y seré tus ojos hasta que llegues donde yo estoy». Fue un momento inolvidable, y no solo porque al fin esta mujer fue capaz de tener un vislumbre de su pleno potencial, sino también porque su respeto por Marianne le motivó a encarnarlo. Según el *Curso*, esto es Amor, pero también hay otra palabra para ello: esto es *liderazgo*.

Si quieres ser un líder significativo, un líder que resulte verdaderamente inspirador, mantén un espacio donde ver a otros en su plena Grandeza, hasta que su visión se ponga a la altura de la tuya. No puedes hacer esto si albergas juicios, si conviertes los problemas en ídolos, si comparas o si animas a otros a hacer lo mismo. Tu pena y tus inseguridades no son un regalo para nadie. Solo tu Grandeza, fortalecida por el perdón, es un regalo para todos, porque es la luz que te guiará y guiará a todos de vuelta a casa. Esta es tu principal función, y los que te rodean y están ciegos a sí mismos están esperando ansiosamente que la asumas.

TRABAJO CON EL *CURSO* Sintonizar con tu propósito

La lección 64 del *Libro de Ejercicios* dice: «Solo desempeñando la función que Dios te dio podrás ser feliz». (L-pI.64.4:1). Puesto que el *Curso* también dice que nuestra función es demostrar *Amor*, esta frase puede leerse como: «Solo mediante el *Amor* serás feliz». Parece verdadera, ¿cierto? Estoy segura de que si piensas en los momentos de tu vida en los que te has sentido más alegre, es probable que fueran momentos dedicados a hacer lo que te gusta, o a estar rodeado por personas que amas. Pero ahora pensemos en el «Amor» tal como se define en este capítulo.

Porque si ves el Amor como abandonar todo lo que *no* es Amor, la frase anterior puede ser leída de manera un poco diferente. Ahora puede ser interpretada como: «Solo serás feliz *soltando la pequeñez*». Desde la perspectiva del *Curso,* estas tres declaraciones son verdad, pero es un experimento valioso tomar conciencia de cómo respondes a cada una de ellas. ¿Qué sientes cuando piensas en el «Amor» dentro del entorno laboral como rechazar la pequeñez? ¿Qué aspecto tendría eso para ti? Por ejemplo, ¿te pones muy a la defensiva cuando te cuestionan? ¿Sientes la determinación de ganar hasta los desacuerdos más triviales? ¿Conservas dentro de ti las ofensas durante meses? Si puedes desarrollar la autoconciencia para darte cuenta de los «pequeños» comportamientos que te impiden expresar plenamente la Grandeza —o que te impiden ver la Grandeza de otros—, tienes muchas más posibilidades de disolverlos antes de que se hagan «grandes».

Así, cuando te sientas agitado o problematizado en algún sentido, el *Curso* te recomienda que te plantees esta simple pregunta:

«Esa es la pregunta que tú tienes que aprender a plantear en relación con todo. ¿Qué propósito tiene esto? Sea cual fuere, dirigirá tus esfuerzos automáticamente».

T-4.V.6:7-9

El reto que te planteamos hoy es mantener esta pregunta —¿cuál es el propósito?— en primer plano de tu mente. Puedes escribírtela en la mano, apuntarla en una nota adhesiva o en un recordatorio en el teléfono móvil; cualquiera de estas cosas puede funcionar siempre que veas la pregunta muchas veces a lo largo del día. La clave es usar esta pregunta para reencuadrar y considerar el objetivo último de tus pensamientos y, consecuentemente, de tus comportamientos.

Veamos un ejemplo. Si de repente sientes el impulso de enviar un mensaje iracundo, cuando te planteas «¿cuál es su propósito?» creas un «carril de frenado» en tu mente que te permite explorar si el objetivo es entender el punto de vista de la otra persona o indicarle lo equivocada que está. Como solía decir Marshall Rosenberg, fundador del Centro para la Comunicación No Violenta: «La conexión viene antes de la corrección». En otras palabras, si tu propósito es conectar, siempre surgirá la solución correcta.

CITAS CLAVE

* «La relación santa parte de una premisa diferente. Cada uno ha mirado dentro de sí y no ha visto ninguna insuficiencia. Al aceptar su compleción, desea extenderla uniéndose al otro, tan pleno como él. No ve diferencias entre su ser y el ser del otro, pues las diferencias solo se dan al nivel del cuerpo». T-22.In.3:1-4.

* «Opta por la pequeñez y no tendrás paz, pues habrás juzgado que eres indigno de ella». T-15.III.2:2.

* «Tu práctica, por lo tanto, debe basarse en que estés dispuesto a dejar a un lado toda pequeñez». T-15.IV.2:1.

* «Y mientras no enseñes lo que has aprendido, la salvación seguirá esperando y las tinieblas mantendrán al mundo inexorablemente aprisionado». L-pI.153.11:3.

Cuando un hermano se comporta de forma demente, solo lo puedes sanar percibiendo cordura en él.

T-9.III.5:1

10

LA DEFENSA SIN DEFENSA

Elaine había estado trabajando con su compañera de trabajo y amiga íntima, Donna, durante casi seis meses para planear la implantación de un importante proceso de formación en la compañía. Se trataba de una reunión abierta únicamente a los cargos directivos, de modo que Elaine consideró que era una ocasión ideal para causar buena impresión y esperaba que fuera un resorte que granjeara mayores oportunidades.

Pasamos a la mañana del evento, cuando Elaine y Donna estaban revisando el programa junto con su supervisor para ponerle al día.

—Después del discurso de apertura, voy a anunciar los ganadores del sorteo —dijo Elaine— y después haremos el receso para comer.

—Espera un segundo —dijo Donna—, creía que íbamos a dar los premios al final del día porque no habría suficiente tiempo antes de comer.

Elaine pudo sentir una ligera incomodidad porque además de que ya habían comentado dos veces anteriormente cuándo dar los premios, se sintió cuestionada delante de su supervisor, que ahora las observaba con expresión de confusión.

En ese momento Elaine no sabía que esta solo era la primera de las muchas pegas que Donna le iba a poner a lo largo del día. Independientemente de quién estuviera cerca, Donna cuestionaba las decisiones de Elaine con respecto a todo, desde quién se iba a sentar dónde y las validaciones del *parking,* hasta la selección de oradores y la distribución de las bolsas de regalo. Según parecía, ningún asunto era demasiado grande o pequeño para sus críticas.

Elaine se sintió sorprendida y decepcionada ante este comportamiento, pues creía que Donna debería plantearle las objeciones en privado, y sentía que la mayoría de ellas ya las habían tratado durante el proceso de planificación. Consumía mucho tiempo tener que repetir las mismas discusiones y Elaine sentía que todo aquello las hacía parecer poco preparadas y profesionales. Finalmente, cuando habían transcurrido unas seis horas desde el comienzo del evento, Elaine consumió el último gramo de paciencia que le quedaba.

—Por favor, ¿puedes dejar de decirme cómo hacer mi trabajo? —le espetó.

Elaine lamentó inmediatamente sus palabras y el tono, pero, antes de que pudiera disculparse, Donna se marchó enfadada. Por si esto no fuera suficiente, Elaine se dio la vuelta y vio que tres de sus compañeros de trabajo —incluyendo a su jefe— habían sido testigo de la escena.

Por encima del campo de batalla

¿Qué haces cuando tu Grandeza se disuelve completamente en la pequeñez? ¿Qué ocurre cuando tenías toda la *intención* de «ser la luz» y sientes que han arrancado el cable de la pared antes de que tuvieras ocasión de encender la lámpara? Estas son preguntas importantes en cualquier etapa de tu carrera profesional, pero son especialmente importantes cuando estás en papeles de liderazgo, puesto que no puedes esperar que otras personas encarnen su Yo Superior en el trabajo si tú no estás encarnando el tuyo.

Desde la perspectiva del *Curso,* lo que hay que recordar aquí es que, si bien los desacuerdos son normales, el *conflicto* es el patio de recreo del ego. El *Curso* llega a decir que el ego «se hace más fuerte en la lucha» (T-5.III.8:8), lo que significa que, en cualquier situación, cuando permites que la tensión aumente hasta la agresión, estás fortaleciendo tu propio miedo y mostrando a los demás un comportamiento temeroso. Además de mantenerte en el «infierno», esto hunde a todos los demás allí contigo.

Vamos a considerar una cuestión por un momento: cuando tus ideas y opiniones son cuestionadas en la oficina, ¿cómo describirías tu respuesta habitual? Personalmente, no he conocido a nadie que confiese que le gusta el drama, pero conozco a mucha gente que se esfuerza al máximo por atraerlo. También conozco a muchas personas —incluyéndome a mí misma— que son como Elaine, en el sentido de que no buscan la fricción, pero pueden sentirse atraídas hacia ella o, como mínimo, tienen el potencial de empeorar una situación innecesariamente.

Está claro que hay muchos planteamientos diferentes para gestionar los conflictos laborales y durante años se nos han ofrecido consejos bien intencionados sobre cuáles son los «mejores». Dependiendo de la situación se nos dice que demos un paso atrás y guardemos nuestras balas para batallas más importantes, o bien se nos dice que doblemos la apuesta o que nos tranquilicemos. Todas estas estrategias tienen su lugar, pero también proceden de una perspectiva de estar «en el campo de batalla», como lo describe el *Curso*. Si examinas el conflicto solo con los ojos del ego, *puesto que* ves a cada persona separada, el otro tiene que perder para que tú puedas «ganar» —incluso un acuerdo de compromiso significa que alguien tiene que renunciar a algo—. Hemos sido educados para considerar que ganar implica competir y derrotar en prácticamente todos los aspectos de la vida, incluyendo nuestras empresas, donde el mensaje sobre qué es el éxito suele estar muy claro: *para ser el mejor, tienes que derrotar al mejor.*

Si no has estado expuesto a las ideas que se presentan en el *Curso*, es muy fácil asumir que la manera de ganar cualquier conflicto es *atacar* la posición de la otra persona y *defenderte* de sus ataques. Esta es probablemente la aproximación más común a las disputas y, sin embargo, está claro que no es la más iluminada para nuestros propósitos, porque en esencia está tratando de eliminar el ego usando el ego. Como dice el *Curso*: «Mas no creas que el miedo es la manera de escapar del miedo» (L-pI.170.9:1).

Por eso, cuando te sientes arrastrado hacia la pequeñez, esto siempre tiene un efecto totalmente contrario al que querías producir de partida. En otras palabras, el ciclo de ataque/defensa se disfraza como el *escape* del miedo —nadie puede tocarte si eres «fuerte», ¿cierto?—, cuando lo único que hace es *reforzar* el miedo.

Por ejemplo, en la historia anterior, Elaine estaba tratando de hacer que Donna fuera más complaciente, pero en realidad consiguió que opusiera más resistencia. Además, Elaine tenía miedo de que los cuestionamientos de Donna dañaran su reputación como alguien con mucho potencial, pero al elevar su voz —y ser pillada por su jefe— acabó dañando exactamente lo que estaba tratando de proteger. Volviendo a Mitchell, en el capítulo 8, su intento de demostrar autoridad solo consiguió exponer su inseguridad, etc.

¿Y si en lugar de ganar en el campo de batalla nos fuéramos de él?

Recuerda tu Grandeza

Aquí es donde entender el concepto de Grandeza se vuelve muy importante. Dicho de manera simple, cuando sabes que tu Grandeza no puede ser amenazada, sabes que ganar las batallas del ego significa dejar de lucharlas. Sí, todavía defenderás lo que quieres y aquello en lo que crees, pero la diferencia reside en que ahora ya no valorarás el ataque como medio de conseguirlo.

> **«Los fuertes no atacan, pues no ven que haya necesidad de ello.**
> **Antes de que la idea de atacar pudiese entrar en tu mente, tuviste que**
> **haberte percibido a ti mismo como débil».**
> T-12.V.1:2-3

Solo la visión física te dirá que puedes ser debilitado y, ciertamente, el ego es muy bueno a la hora de llevar la cuenta de las batallas que has «ganado» y «perdido». Por otra parte, la visión espiritual ve que cualquier choque de las personalidades no tiene efecto sobre la Verdad. Tú no eres el yo que puede ser herido por las acciones de otros; tú eres Aquel que es consciente del yo que se siente herido y, sin embargo, existe en estado de Gracia más allá de él. El Amor que eres no participa en tus juicios ni en las percepciones fragmentadas con respecto a ti mismo y los que te rodean. Más bien, tu Grandeza «se alza radiante, más allá del conflicto, intacta y serena» (T-23.I.7:10) y es la Fuente de tu fuerza. Según dice el *Curso,* cualquier otra cosa es «una guerra entre dos ilusiones» en un «estado en el que nada ocurre» (T-23.I.7:8).

No obstante, cuando no eres consciente de tu Grandeza desvías el Amor y entras en el campo de batalla. Tus pensamientos temerosos hacen que te comportes de maneras poco amorosas, lo que da como resultado que otros no sean amorosos hacia ti, por lo que te muestras todavía menos amoroso hacia ellos, etc. *¿Quieres ser conocido en el trabajo por enredarte con nimiedades? ¿Es este el tipo de pensamiento que quieres llevar a tus mayores retos profesionales?*

En el último capítulo se te animó a interrumpir los pensamientos del ego preguntándote «¿cuál es el propósito?» a fin de examinar tus intenciones cuando sientes que empiezas a perder la paz. Por lo tanto, si tu propósito es conectar de manera significativa con otra persona —y esto es algo que debes hacer para motivarla en el trabajo—, ¿puedes esperar conseguirlo *realmente* cuando la estás atacando en tu mente?

Volviendo a Elaine, acabó disculpándose ante Donna por su comportamiento, culpando de sus excesos al estrés que le había producido planificar el evento. Sin embargo, si miramos más a fondo, resulta fácil ver que el verdadero problema era que Elaine había elegido la pequeñez sobre la Grandeza. Su pequeño yo se sentía amenazado y para evitar sentirse impotente proyectó la amenaza sobre Donna. El propósito de Elaine no era conectar, sino ganar. ¿Y qué otra cosa puede venir de un propósito del ego sino una experiencia del ego?

Hasta que Elaine no se dé cuenta de que su verdadero propósito —su función— es elegir en contra del ego y, así, convertirse en un canal claro para el Amor, continuará recreando el drama del ego de distintas formas. Posiblemente, la próxima vez, el problema no será el estrés por tener que planificar el evento, pero siempre habrá algo que esté fuera de su control para poder estar libre de culpa por su reacción a ello. Si ella tiene tan poca conciencia de los trucos del ego, ¿puede sorprendernos que estos tengan tanto poder sobre ella?

Si Elaine se hubiera detenido y se hubiera preguntado «¿cuál es el propósito de estos pensamientos?» habría captado los intentos de su ego de ahondar en la separación. A continuación, al preguntar: «¿Deseo estar en perfecta comunicación? ¿Estoy completamente dispuesta a renunciar para siempre a todo lo que la obstaculiza?» (T-15.IV.8:3), podría haber evitado el innecesario encontronazo con Donna. Nótese que, en este sentido, la «perfecta comunicación» no significa encontrar las palabras ideales que decir. Significa empezar por establecer una conciencia de la Grandeza, y después decidir desde la perspectiva milagrosa qué hacer a continuación.

Por último, como el *Curso* dice que «la oración es el vehículo de los milagros» (T-1.I.11:1), si Elaine hubiera pedido ayuda —«siento que estoy juzgando, pero estoy dispuesta a ver esto de otra manera»—, tal vez su enfado se hubiese disipado completamente, o tal vez se hubiera dirigido a Donna de un modo que no le habría hecho sentirse menospreciada. En cualquier caso, Elaine no se habría expresado con una energía de división e ira, lo que habría aumentado las probabilidades de haber sido escuchada.

La salvación es una empresa de colaboración

Teniendo en cuenta que el *Curso* se enfoca en las relaciones interpersonales, es fácil ver por qué llama a la «salvación» una «empresa de colaboración» (T-4.VI.8:2). Como probablemente habrás notado, este no es un camino en el que encuentras a Dios mirando hacia *arriba* al creador celestial, sino mirando *a* la persona que tienes justo delante de ti. Ver la Grandeza en otros es lo que te permite ver la tuya, y esto significa que tu curación está vinculada directamente con la suya.

«Lo que percibes en otros lo refuerzas en ti».
T-5.III.9:5

Por eso, en el *Curso,* la curación se describe como un regalo que desafía las leyes físicas al mejorar a ambos, el que da *y* el que recibe. Veamos un ejemplo muy sencillo: si tengo una galleta y te doy la mitad, entonces técnicamente yo tengo menos y tú tienes más. Pero si comparto mi perspectiva sanada contigo, entonces, por el hecho de ver tu Verdad no solo te he dado un regalo (un milagro), sino que también me lo he dado a mí misma. Mi sanación aumenta a medida que comparto mi Grandeza, y lo mismo es cierto para ti. El *Curso* dice que *cada* persona y *cada* encuentro te da la oportunidad de «encontrarte o de perderte», dependiendo de si eliges como profesor al Amor o al miedo.

> «Cuando te encuentras con alguien, recuerda que se trata de un encuentro santo. Tal como lo consideres a él, así te considerarás a ti mismo. Tal como lo trates a él, así te tratarás a ti mismo. Tal como pienses de él, así pensarás de ti mismo. Nunca te olvides de esto, pues en tus semejantes o bien te encuentras a ti mismo o bien te pierdes a ti mismo».
>
> T-8.III.4:1-5

Entender que cada encuentro —y en realidad cada *instante*— tiene el potencial de ser santo te permite perdonar a los que se quedan dormidos a su Grandeza en tu presencia, y también te permite sentirte *agradecido* cuando tú duermes a tu propia Grandeza en su presencia. Volviendo a la historia de Elaine y Donna, las acciones de Donna sacaron a la luz algo que no estaba sanado en Elaine, porque de otro modo no se habría enfadado tanto —y viceversa—. Esta es la razón por la que el *Curso* dice: «En mi indefensión radica mi seguridad» (L-pI.153). Después de la presentación, cuando finalmente Elaine fue capaz de soltar las defensas del ego —es decir, cuando dejó de culpar a Donna y empezó a mirar dentro— se dio cuenta de que el verdadero detonador de la situación no habían sido los cuestionamientos de Donna, sino sus nervios y sus inseguridades con respecto al evento. Los cuestionamientos de Donna solo habían acrecentado estos temores, haciendo que Elaine *atacara* para *defenderse*. Esto, además de ser una mala estrategia de gestión, la dejó, una vez más, cara a cara ante su ego.

Sin embargo, aquella noche Elaine pidió ayuda. Se conectó internamente y recitó lo que el *Curso* llama la plegaria del sanador —*Permíteme conocer a este hermano como me conozco a mí mismo* (T-5.In.3:8)— y se aquietó. Repasó los momentos previos a su estallido, esos momentos en los que sabía que estaba irritada pero no había dicho nada, y pensó que podría haber gestionado la situación de otra manera.

¿Y si en lugar de permitir que su enfado se acumulara hasta explotar hubiera hecho frente a la creciente ansiedad de Donna con una sensación de curiosidad? Se preguntaba qué habría pasado si en lugar de dar respuestas bruscas a las preguntas específicas de Donna se hubiera tomado uno minutos de pausa para decir: «Estoy sintiendo cierta incomodidad. ¿Te gustaría hablar de ello?»

En cuanto a la práctica de la expiación del *Curso*, Elaine se sentía especialmente interesada en situar en qué punto había dejado de enfocarse en el suceso mismo y había empezado a atribuir culpas. En otras palabras, ¿*cuándo* había elegido el miedo?

Elaine no se tomó este proceso como un interrogatorio contra sí misma, sino como una oración y una meditación reflexiva. Sabía que había hecho algo mal porque no estaba en paz y tenía el deseo sincero de saber qué había ocurrido dentro de sus pensamientos para poder ser más consciente la próxima vez. Tal vez podría impedir que ocurriera un estallido similar o incluso peor.

«La única reacción apropiada ante un hermano es apreciarlo. Debes estarle agradecido tanto por sus pensamientos de amor como por sus peticiones de ayuda, pues ambas cosas, si las percibes correctamente, son capaces de traer amor a tu conciencia. Toda sensación de esfuerzo procede de tus intentos de no hacer simplemente eso».

T-12.I.6:1-3

Finalmente, Elaine se dio cuenta de que el intercambio entre Donna y ella había sido una bendición, porque le estaba permitiendo descubrir muchas cosas sobre sí misma, y eso le haría mucho mejor como compañera de trabajo, líder y mentora. También reconoció que lo aprendido le capacitaría para comunicarse mejor con su marido y sus dos hijas, y esto hizo que su corazón se hinchara de gratitud. Se le había dado la oportunidad de *volver a elegir,* y *esto* era algo por lo que sentirse agradecida.

TRABAJO CON EL *CURSO* El experimento del «no lenguaje»

> «Cuando reconozcas lo que eres y lo que tus hermanos son, te darás cuenta de que juzgarlos de la forma que sea no tiene sentido. De hecho, pierdes el significado de lo que ellos son precisamente porque los juzgas».
>
> T-3.VI.3:2-3

Cuando estás en un papel de liderazgo, eres un «emisor de señales» y esto significa que, particularmente en momentos complicados, otros mirarán cómo te comportas en busca de claves para interpretar la gravedad de la situación y también de una guía que les indique cómo responder. Teniendo esto en cuenta, consideremos el tipo de señales que envías en el trabajo mediante tus palabras, tus acciones y tu presencia misma.

Desde la perspectiva del *Curso,* si el mensaje que estás comunicando no es de alegría, te estás negando a ti mismo y estás negando a otros la oportunidad de aprender lo que significa «representar la alternativa» —lo que significa representar el Amor— en este mundo. De hecho, el *Curso* dice que incluso un leve suspiro tiene el potencial de «truncar las esperanzas de aquellos que cuentan contigo para su liberación»

(L-pI.166.14:1). Esto significa que si dentro de tu organización quieres enviar las señales de un líder sosegado, tienes que empezar por estar *auténticamente* sosegado.

Un ejercicio que puede ayudarte es esta práctica de *mindfulness* —plena atención al momento— llamada «no lenguaje».

Para empezar, lo único que tienes que hacer es establecer la intención de abordar cada encuentro con tus compañeros de trabajo y con tus clientes —en particular con aquellos que te resultan difíciles— *sin* traer tus juicios del pasado al presente. No tienes que hacer nada que se salga de tu rutina habitual; la única diferencia es que cuando pases al lado de tus compañeros de trabajo en la entrada del edificio, al asistir a una reunión o al hacer una presentación, no pienses en lo que alguien hizo hace cinco años ni hace cinco minutos. Haz un sincero esfuerzo por contemplar la inocencia de todos aquellos con los que te encuentras viéndolos «sin lenguaje», lo que en realidad significa *sin equipaje*.

Por ejemplo, al llegar a la oficina por la mañana, mira a los ojos a tus compañeros de trabajo y diles «hola», imaginando que te encuentras con ellos por primera vez. Percibe qué surge en ti ahora mismo en torno a esta idea: tal vez resistencias, tal vez vergüenza, o tal vez notes algún tratamiento preferente, porque descubres que te resulta más cómodo practicar esto con algunos compañeros de trabajo que con otros. Todo lo que estás sintiendo por el simple hecho de pensar en realizar este ejercicio te indica dónde eliges Amor y dónde el ego conserva viejos hábitos mentales que vale la pena sacar a la luz.

Como siempre, no tienes que explicar este ejercicio a nadie, y evidentemente no lo uses para bajar barreras que están ahí por un buen motivo. Simplemente es una oportunidad para que te des cuenta de dónde añades significado a los hechos que ves y cómo esto te mantiene «en el campo de batalla» de los juicios y los sesgos del ego. Realiza esta práctica durante al menos todo un día y anota tus experiencias en el espacio siguiente.

CITAS CLAVE

- «No contemples a nadie desde dentro del campo de batalla, pues lo estarías viendo desde un lugar que no existe». T-23.IV.7:1.

- «En tu hermano reside una inmutabilidad que está más allá de cualquier apariencia o engaño. Mas se ve nublada por tus cambiantes ideas acerca de él, que tú percibes como su realidad». T-30.VIII.2:3-4.

- «Detente entonces por un momento y piensa en lo siguiente: ¿prefieres el conflicto o sería la paz de Dios una opción mejor? ¿Cuál te aporta más? Una mente tranquila no es un regalo baladí». M-20.4:6-8.

- «Si reconocieses que cualquier ataque que percibes se encuentra en tu mente, y solo en tu mente, habrías por fin localizado su origen, y allí donde el ataque tiene su origen, allí mismo tiene que terminar». T-12. III.10:1.

- «Por mucho que lo quieras condenar, Dios mora en él. Pero mientras ataques Su hogar elegido y luches contra Su huésped, no podrás saber que Dios mora igualmente en ti. Mira a tu hermano con dulzura. Contempla amorosamente a aquel que lleva a Cristo dentro de sí, para que puedas ver su gloria y regocijarte de que el Cielo no esté separado de ti». T-26.IX.1:3-6.

No hay nadie a quien una
enseñanza como esta no le
conmueva.

T-14.V.7:2

11

EL DON DE LA ALEGRÍA

«Cada minuto y cada segundo te brinda una
oportunidad más para salvarte. No dejes pasar esas
oportunidades, no porque no vayan a repetirse,
sino porque demorar la dicha es innecesario».

T-9.VII.1:6-7

El aprendizaje, como todos hemos experimentado, puede ser doloro-
samente gradual. En la escuela, por ejemplo, nos vemos expuestos a
un concepto, lo estudiamos, reflexionamos sobre él, y después —si
tenemos suerte— lo retenemos el tiempo suficiente como para
superar un examen. Solemos contemplar la sanación como un proceso igualmente gradual. En otras palabras, no basta con hacer *una*
llamada de *coaching,* asistir a una sesión de terapia o a una reunión
de un grupo de recuperación. Un verdadero avance requiere seguir
acudiendo durante semanas, meses o incluso años con disciplina y
continuidad.

Si consideras que el viaje que emprendes con el *Curso* es para
sanar el ego, podrías tener la tentación de contemplarlo con esta
misma lente del crecimiento progresivo y sentirte descorazonado.
Después de todo, es posible que el ego sea un sistema de pensamiento ilusorio, pero requiere años de aprendizaje y, sin duda, también
harán falta años para desaprenderlo, ¿cierto? Esta suposición sería
válida si el crecimiento espiritual estuviera ligado al tiempo, pero,
por suerte para nosotros, no lo está.

YO SOY siempre está en presente

El *Curso* dice que el estado de gracia que es nuestro hogar espiritual es siempre *ahora:* un eje vertical de momentos en los que lo único que te ata a tu pasado o a tu futuro está en tu propia mente. Para desplegar esto más: si la Realidad —con R mayúscula— *se define como ahora,* y si la sanación se define como *un cambio de percepción,* entonces, ¿dónde podría producirse un cambio de percepción *si no* en el presente? Esta es la razón por la que sanarse del miedo, la depresión y la ansiedad del ego no depende de lo que hayas hecho en el pasado ni de lo que harás en el futuro. Tu Grandeza no viene de conseguir algo que no tienes; viene de reconocer lo que ya eres. Esto hace que el camino del *Curso* solo sea una decisión, momento a momento, de elegir al maestro del Amor en lugar de al maestro del miedo, y esto puedes hacerlo —*ahora mismo*— con tanta facilidad como alguien que haya pasado décadas estudiando la más refinada sabiduría de la iluminación.

> «Pues solo el "ahora" está aquí y solo el "ahora" ofrece las oportunidades de los encuentros santos en los que se puede encontrar la salvación».
> T-13.IV.7:7

Como el *Curso* dice, eres el santo hogar de Dios, y lo único que se alza entre ti y la pura alegría es que no estás dispuesto a creértelo. De hecho, si te lo *creyeras,* ¿anhelarías tanto llenar el panel de la visión de cosas que te harán feliz «algún día»? Solo negando tu propio poder puedes contemplar la belleza de *este* momento como una mera piedra de toque hacia el siguiente, y tener tanta fe en que lo que no tienes es mucho mejor que lo que tienes. Surge *alegría* cuando estos y todos los demás obstáculos del ego desaparecen.

El Amor y la alegría son uno

Como en este libro hemos dedicado una cantidad de tiempo importante al tema del Amor, para cerrarlo merece la pena indicar que, en el *Curso,* el Amor y la alegría son exactamente lo mismo. Consideremos el significado de esta afirmación teniendo en cuenta todo lo que hemos aprendido hasta ahora. Específicamente, si nuestra función aquí es *sanar,* si sanar es *extender Amor,* y si el Amor *es igual a la alegría,* esto significa que *la alegría sana tal como sana el Amor.* Volviendo a la parte del *Curso* que dice que nuestra función es ser *«la luz del mundo»* (L-pI.61.5:3), esto puede interpretarse como que nuestra función es ser la *alegría* del mundo.

Repito: nuestra función es ser la alegría del mundo.

Y asumiendo que encontramos la alegría del mismo modo que el *Curso* dice que encontramos el Amor, esto significa que, independientemente de nuestro trabajo, nuestra «profesión» principal (T-1.III.1:10) es rechazar momento a momento todo lo que *no* sea alegría.

Al igual que el Amor, esto viene con la práctica diaria del perdón hacia nosotros mismos y hacia otros, que acumula en nosotros una resiliencia capaz de contener todo el espectro de la vida. Al aprender a perdonar, e incluso, como dice el *Curso,* a reírse de las «pequeñas ideas locas» del ego (T-27.VIII.6:2), con el tiempo descubres que sientes con más profundidad y presencia tus momentos amorosos, felices y de celebración, mientras que das menos peso y tienes menos apego emocional a cualquier experiencia negativa o desagradable.

Con esto en mente, merece la pena considerar si tus conductas diarias en el trabajo superarían la prueba siguiente: *Tus pensamientos y acciones, ¿te acercan o te alejan de la alegría?* A propósito, sabrás la respuesta cuando consideres si te estás acercando o alejando del amor a los demás. Cuando limitas tu capacidad de dar Amor, limitas tu capacidad de experimentar alegría. Verdaderamente es así de sencillo.

Si bien esto puede ser un barómetro del éxito en todos los ámbitos de la vida, es particularmente esencial en el laboral, puesto que no hay trabajo en equipo sin conexión, no hay conexión sin amor y no hay amor sin alegría. Recuerda: *cada* persona con la que te encuentras —incluyendo aquellas con las que no has elegido interactuar, pero que ahora están en tu lugar de trabajo y son tu jefe, tu empleado o tu compañero— te ofrece la oportunidad de ver la interconexión entre todas las cosas. Este es el secreto de *tu* alegría y de *tu* influencia. Es posible que no sea el camino más rápido para llegar a lo más alto, pero es con diferencia el cimiento más sólido con el que puedes contar para realizar el viaje.

Piensa por un momento si tendría sentido desarrollar una carrera profesional en la que la medida del éxito fuera la *alegría*. Está claro que nos sentimos más cómodos contemplando nuestros trabajos con los ojos del miedo —¿tendré suficiente dinero? ¿estoy destacando?—, pero no tiene por qué ser así. El *Curso* te llama amablemente a reconocer que el mundo puede ser tan sencillo como saber que has elegido el ego cuando no estás en paz y que has elegido el Amor cuando sientes alegría.

No desees el Amor. Conviértete en él.

Si recuerdas la introducción de este libro, parte de mi motivación para escribir sobre la sabiduría espiritual era ayudar a mis clientes de *coaching* a encontrar una experiencia de paz en medio de los momentos más dolorosos de la vida. Y ocurrió que a los pocos meses de empezar a trabajar en este libro, sentí un dolor desgarrador tras la repentina muerte de mi querida abuela: no hay palabras que puedan expresar mi devoción y gratitud hacia ella.

Cualquiera que haya experimentado una pérdida así, sabe que esos son los momentos en los que nuestro enfoque se centra agudamente en la vida y la conexión emerge, por fin, como lo único verdaderamente importante. La noche anterior a la muerte de mi abuela, cuando ya habían retirado todos los aparatos y el único sonido que quedaba en la habitación del hospital era el susurro uniforme de la máquina de oxígeno, me metí en su pequeña cama y me quedé tumbada a su lado durante más de una hora. De algún modo, sabiendo que ese sería nuestro último adiós, reposé mi cabeza en su hombro, puse mis brazos alrededor de su cintura y en medio de un mar de lágrimas le dije cuánto la quería.

¿Dónde —te puedes preguntar— está la paz o la alegría en esto?

Tumbada allí, en una habitación oscura cerca de mi abuela, mirando la luz parpadeante de una televisión apagada, pensé en el pasaje del *Curso* al que me he referido a lo largo de este libro: «Nada real puede ser amenazado, nada irreal existe» (T-In). Se me ocurrió que, aunque no volvería a verla en la *forma*, el *contenido* de su amor estaría a mi disposición cuando quiera que eligiera encarnarlo y compartirlo. Aunque iba a echarla de menos específicamente —sí, ciertamente echo de menos *sus* ojos, *su* risa, y *sus* abrazos—, el Amor que reflejaba sigue estando presente porque yo lo llevo conmigo. Esa parte de ella no se ha ido simplemente porque ella es; y esto significa que cuando deseo sentir la conexión con ella, lo único que tengo que hacer es llevar a otros la expresión de Amor que ella representa. Este es el circuito de ser compartido y de inteligencia espiritual del que hemos estado hablando desde el principio. Es una Grandeza al mismo tiempo inmanente y trascendente y la descubres *por doquier* porque decides verla en *todos*. *Yo soy* mi abuela, y también lo eres tú. No mañana. No dentro de seis meses o de un año. Sino ahora mismo, en este momento. No existe nada más.

Entender y demostrar este mismo tipo de Amor metafísico no solo es el modo de encontrar el milagro dentro de los retos que afrontas, también es la manera de «enseñar» *Un curso de milagros*. Esto *es* liderazgo. Como siempre, no minimiza la gravedad de cualquier dolor que afrontes y tampoco te libra del duelo cuando es apropiado, ni de emprender acciones cuando es necesario. Dicho esto, es la perspectiva que te permite presentarte cada día ofreciendo tu amable sonrisa y tu majestuosa calma como prueba de que no hay nada que pueda romperte, y este es el verdadero milagro.

Rezar por el bien mayor

Devolviendo el milagro al marco de la carrera profesional, he visto recientemente este concepto en acción cuando una de mis clientes experimentó un momento precioso de fuerza y liderazgo en medio de una situación extremadamente estresante. Esta clienta particular era vicepresidenta de la compañía Fortune 500, un trabajo que había conservado durante los últimos diez años, siempre con supervisiones favorables en cuanto a su rendimiento. Sin embargo, debido a una reestructuración corporativa, se encontró preparándose para realizar la entrevista que le llevaría a recuperar su propio puesto frente a otros candidatos. No hace falta decir que se sentía decepcionada y que también se descubrió sintiendo un flujo de otras emociones que cada vez le costaba más ocultar, como nervios, asombro y enfado.

—Creo que deberías rezar —le dije—. Pero no reces para mantener tu trabajo. Reza por el bien mayor de todos los involucrados.

Al principio, la clienta me dijo que esto le parecía un poco pasivo, pero más adelante se dio cuenta de que en realidad lo que estaba pidiendo no tenía nada que ver con la apatía ni con la indiferencia. *Después de todo, estaba pidiendo un milagro.* Evidentemente, podríamos haber dedicado mucho tiempo a dar vueltas a los aspectos externos de su circunstancia —repasando las posibles preguntas de la entrevista, por ejemplo— y aunque esta era una buena idea, solo abordaba su reto a nivel superficial. Así, aunque todo lo que dijera en la entrevista fuera impecable, en el momento en que el menor indicio de descontento burbujeara bajo sus palabras, todo el mundo lo sentiría. A propósito, esto también era cierto para sus interacciones más informales los días anteriores a la entrevista. Si permitía que su ansiedad se filtrara hacia sus compañeros de trabajo, eso habría comprometido su presencia y liderazgo y posiblemente habría enturbiado el proceso de la entrevista antes de que esta ocurriera.

Así, «rezando por el bien mas alto», mi cliente fue capaz de soltar aquello que no podía controlar (el resultado) y de reconectar con lo que sí podía controlar: la disolución de sus pensamientos egóticos.

Esto le permitió acudir a la entrevista mucho más tranquila, lo que a su vez le permitió pensar mejor en el momento, y así pudo conservar su puesto frente a los otros candidatos.

Este es otro ejemplo de amor en el trabajo tal como lo define el *Curso*. Mi clienta no estaba «siendo amorosa» realizando exhibiciones de afecto notorias y poco auténticas hacia su jefe ni hacia otras personas. Estaba siendo amorosa siendo consciente de sus pensamientos que reflejaban la pequeñez y negándose a permitirles que rigieran su comportamiento. Al presentarse en la entrevista plenamente preparada, y al mismo tiempo con una energía de aceptación, tolerancia y, sí, incluso *alegría*, se hizo la persona más atractiva para el puesto.

Superficialmente puede parecer que esta historia y la de la defunción de mi abuela tienen poco en común. Pero un examen más profundo revela que ambas ofrecen pruebas de que, como no hay orden de dificultad en los milagros, no hay reto que tu Grandeza no pueda resolver.

Una invitación a la alegría

«El propósito de nuestras prácticas de hoy es acercarnos a la luz que mora en nosotros. Tomamos rienda de nuestros pensamientos errantes y dulcemente los conducimos de regreso allí donde pueden armonizarse con los pensamientos que compartimos con Dios. No vamos a permitir que sigan descarriados».

L-pl.188.9:1-3

De modo que ahora es tu turno de acercarte a la luz. En estas páginas se te han dado prácticas para reconectar con la paz que siempre ha sido tu hogar. A medida que apliques estas ideas a tu propia vida, recuerda una vez más que es la alegría la que va a generar tu éxito. Cuando te ríes del juicio, le robas su poder. Cuando elijes el Amor, disuelves el miedo. Y cuando te encuentres con tus «pensamientos errantes», acuérdate de «traerlos de vuelta delicadamente», sabiendo que tu camino hacia la paz es ver lo Inmutable en todo, recorrer el sendero del perdón y no ofrecer un hogar al juicio dentro de tu mente. *¿No preferirías que estos principios fueran tu brújula?* Si estás de acuerdo con ellos, deja que tu guía interna sea el centro de tu carrera profesional y experimentarás una sensación de sabiduría y compasión que solo puede describirse como inamovible. Es posible que no seas capaz de cambiar tus circunstancias con un chasquido de dedos, pero puedes recordar tu Grandeza en medio de *todo* lo que la vida te traiga y estar alegre. De modo que deja que esta sea la prueba que has de superar: encontrar la gracia perfecta y la completa libertad del miedo que está a tu disposición a cada momento mediante tu decisión de elegir Amor. Pasa esta prueba —aunque solo sea por un instante— y habrás aprobado este *Curso.*

TRABAJO CON EL *CURSO* Obrar milagros

«...lo que es tuyo te llegará cuando estés listo».
T-24.VII.8:2

¿Te has dado cuenta alguna vez de que la vida tiende a estallar justo antes de que emerja algo que es mucho mayor? Al principio, lo único que ves son los escombros de lo que fue, pero cuando el polvo se posa, te das cuenta de que lo que creías haber «perdido» estaba impidiéndote abrirte a una evolución que acabará siendo mejor para ti. En el *Manual para el Maestro,* el *Curso* llama a esto «un periodo de *deshacimiento*» (M-4.I.3:1)

«Ello no tiene por qué ser doloroso, aunque normalmente lo es. Durante ese periodo parece como si nos estuviesen quitando las cosas, y raramente se comprende en un principio que estamos simplemente reconociendo su falta de valor».
M-4.I.3:2-3

Tuve mi periodo de *deshacimiento* hace unos años, cuando lancé mi negocio de *coaching* en Internet y la emoción de ser una emprendedora pronto se vio eclipsada por una respuesta a aquella primera oferta que podríamos describir caritativamente como tibia. Esto fue especialmente frustrante porque estaba trabajando más que nunca y había creado productos de los que me sentía muy orgullosa, pero el proyecto no estaba despegando. Por aquel tiempo tuve una conversación con mi compañera en la enseñanza del *Curso* Gabrielle Bernstein y, mientras le contaba mi situación, me dio un consejo que no he olvidado.

—Estás haciendo de todo esto un asunto personal, algo que gira en torno a ti —dijo— y no gira en torno a ti.

En ese momento me di cuenta de que había dedicado demasiado tiempo y energía a centrarme en los resultados —cuántas unidades se habían vendido, cuántas personas habían abierto el último *email,* cuántos comentarios había en cada entrada que colgaba— y gradualmente me había ido desconectando del aspecto *servicio* del trabajo en sí. Gabby tenía razón. Estaba haciendo que el negocio girase en torno a mí y me estaba perdiendo la oportunidad más amplia e importante de ofrecer valor a otros. No era de extrañar que no estuviera ocurriendo nada.

Cuando empecé a pensar en qué cosas podía hacer de otra manera, volví una y otra vez a una oración que aparece cerca del comienzo del *Curso:*

> **«Estoy aquí únicamente para ser útil.**
> **Estoy aquí en representación de Aquel que me envió.**
> **No tengo que preocuparme por lo que debo decir ni por**
> **lo que debo hacer, pues Aquel que me envió me guiará.**
> **Me siento satisfecho de estar dondequiera que Él desee,**
> **porque sé que Él estará allí conmigo.**
> **Sanaré a medida que le permita enseñarme a sanar».**
>
> T-2.V.18:2-6

Al repetir esta oración cada día, descubrí que me llevaba instantáneamente a una mentalidad de servicio, que además de ayudarme con mis cursos de *coaching*, también disolvía mi ansiedad en torno a otros proyectos en los que me sentía muy presionada. Por ejemplo, solía ponerme nerviosa hasta paralizarme cuando tenía que hablar en público, pero cuando empecé a sentir curiosidad con respecto al por qué, me di cuenta de que esta era otra ocasión que permitía que el yo inferior se entrometiera. Dicho de manera simple, la verdadera presión venía de mi miedo a ser juzgada: ¿Y si me olvido de los puntos importantes? ¿Y si me tiembla la voz? ¿Y si me sonrojo? Y si... Y si... Y si...

> **«Es obvio que cualquier situación que te causa inquietud está asociada a sentimientos de insuficiencia, pues, de lo contrario, creerías que puedes lidiar con la situación con éxito. Confiando en ti mismo no es la manera de adquirir confianza».**
>
> L-pI.47.5:2-3

Mis experiencias en estos dos escenarios profesionales —no ver los resultados deseados y tener miedo en situaciones de mucha presión— son dos formas del mismo circuito del ego. Los pensamientos ansiosos estaban haciendo que me olvidara de la Grandeza, lo que hacía que me sintiera sola y juzgada; esto, a su vez, me producía todavía más ansiedad, y el miedo hacía que todo el ciclo volviera a empezar. En cambio, cuando encontraba un espacio tranquilo para centrarme usando la oración anterior justo antes de salir a un escenario o de tratar con un cliente, era capaz de desactivar los pensamientos del ego reconociendo que mi primera y principal función es simplemente extender Amor.

En lo tocante a tu carrera profesional, ¿en qué áreas estás haciendo que «la cosa gire en torno a ti personalmente»? ¿Cuándo te ha ocurrido algo que te pareció devastador en ese momento, pero más adelante, mirando atrás, reconociste que en realidad había sido un regalo? ¿Cómo puedes incorporar la anterior oración del *Curso* para cambiar tu mentalidad del conseguir al dar? Tanto si solo respondes a una de estas preguntas como si las respondes todas, por favor, tómate un momento y comparte lo que te venga en el espacio que se provee.

CITAS CLAVE

- «El Espíritu Santo es el espíritu del júbilo». T-5.II.2:1.

- «Durante varios minutos deja que tu mente quede libre de todas las disparatadas telarañas que el mundo quiere tejer en torno al santo Hijo de Dios». L-pI.139.12:2.

- «Practica con fervor y ese será tu regalo». L-pI.164.9:5.

- «Perdona y serás perdonado. Tal como des, así recibirás. No hay más plan que este para la salvación del Hijo de Dios». L-pI.122.6:3-5.

Epílogo

UNA NUEVA PROFUNDIDAD DE SER

Hace unos años estaba viajando por Huntington, West Virginia, con un antiguo jefe y mentor. Bob era el fundador de una empresa de asesoría contable que recientemente había sido adquirida por otra compañía mucho mayor y, aunque se podría haber retirado con facilidad, había decidido enseñar a los alumnos de grado en la universidad donde yo tenía programado dar una charla esa noche.

Cuando llegué al campus, me sentía entusiasmada, aunque no sorprendida, cuando muchos de los alumnos se acercaron inmediatamente a mí para elogiar a Bob como «el mejor profesor» que habían tenido nunca y me dijeron lo «afortunada» que era de haber trabajado con él. Sabía a qué se referían. Bob es uno de esos raros compañeros de trabajo que tiene la capacidad de empujarte hasta tu pleno potencial de la manera más amable posible.

Mientras volvíamos a casa, me di cuenta de que en la consola de su coche sobresalía la caja de un CD en la que estaba escrita a mano la palabra «milagros». Cuando le pregunté qué estaba escuchando, Bob, con cierta vacilación, mencionó que estaba escuchando un libro llamado *Un curso de milagros* en sus viajes diarios al trabajo y de vuelta a casa.

—Estoy familiarizada con ese libro —sonreí—. ¿Desde cuándo lo estás estudiando?

—Bueno, no estoy seguro —replicó Bob— pero diría que al menos veinte años.

En ese momento supe que había descubierto el secreto de su éxito. Comprendí instantáneamente por qué le importaba tanto el desarrollo de los demás, por qué nunca parecía estar impaciente ni frustrado y por qué seguía siendo tan humilde, a pesar de sus logros.

Según creo, Bob es el tipo de líder que el *Curso* nos llama a ser. No va hablando de su fe por ahí; esta era la primera vez que salía el tema después de haber trabajado juntos durante diez años. Y, sin embargo, demuestra la Grandeza espiritual que hemos comentado en estas páginas. Bob y tantos otros son la prueba de que ciertamente puedes honrar tu experiencia interna y al mismo tiempo actuar con eficacia en el mundo.

A pesar de que las culturas occidentales tienden de manera particular a mantener estas ideas compartimentadas, estoy segura de que, si estás leyendo esto, tú también quieres vivir y liderar desde un centro espiritual, y en esto no estás solo. Millones de profesionales están contemplando los viejos paradigmas del éxito y preguntándose qué más es posible. Están buscando una capa de significado más profunda y se sienten impulsados por la más infame de las preguntas clave: *¿Es esto todo lo que hay?*

Los que ya han sido introducidos a su Grandeza les susurran suavemente: «*No. Hay algo más que no ves*». **Estos son los obradores de milagros:** los que miran a un mundo cada vez más dividido e inestable y señalan un camino mejor. Los obradores de milagros son profesores del Amor. Como Bob, a menudo no se anuncian como lo que son y sus voces no gritan para ser oídas. Pero están a tu alrededor ahora y les conocerás por su frecuente sonrisa, sus ojos tranquilos, su frente serena y su manera de vivir en el mundo «que no es del mundo, aunque parece serlo» (L-pI.155.1:1-3).

> **«Los maestros de Dios proceden de todas las partes del mundo y de todas las religiones, aunque algunos no pertenecen a ninguna religión. Los maestros de Dios son los que han respondido».**
>
> M-1.2:1-3

Al responder a la llamada, los obradores de milagros comparten lo que han aprendido. No fuerzan un debate espiritual, pero mantienen el espacio para él porque saben que solo el Espíritu puede transformar el corazón. Sus palabras enseñan Amor y su presencia es una invitación a caminar siguiendo las «pisadas que alumbran el camino» del perdón (L-pI.134.14:3).

Actualmente y, de hecho, a cada momento, se renueva la llamada a los profesores. Si escuchas ahora en tu oficina, podrás oírla. Cada conversación turbulenta, cada intercambio impaciente, incluso la más trivial mirada de soslayo, lleva consigo una apelación al Amor que está oculto para todos, excepto para los obradores de milagros. Ellos son los que tienen la visión espiritual que les permite responder a estas llamadas extendiendo Amor e ignorando el miedo. Anteriormente he mencionado que este es un superpoder que está operando en el entorno laboral, lo que significa que los maestros del Amor son verdaderos superhéroes. Es posible que no sean más rápidos que las balas, pero ciertamente tienen el poder para salvar el mundo.

Y tú también lo tienes, pero solo si te unes a los mensajeros del Amor alzándote en la plenitud de tu Grandeza y rechazando toda pequeñez. Si estás preparado, puedes empezar en este instante. No hay versos que memorizar ni rituales que practicar, y no necesitas reclutar a nadie. Lo único que tienes que hacer para aceptar tu papel de obrador de milagros es llevar alegremente tus propios pensamientos de separación, juicio, dolor, preocupación, comparación, ataque y escasez al Espíritu Santo y permitir que sean transformados en perdón. Nada más. No tienes que cambiar de profesión y ciertamente no necesitas llevar capa para salvar del ego a ti mismo o a cualquier otra persona. Tu presencia *es* la alternativa.

«¿Cómo iba a ser la salvación del mundo un propósito trivial? ¿Y cómo podría salvarse el mundo si no te salvas tú?»
L-pI.20.3:4-5

De modo que no esperes hasta mañana para ser el líder alegre, sabio y compasivo que has venido a ser. Acepta la llamada a ser un obrador de milagros ahora, no solo por tu bien, sino por el bien de los que te rodean, que han abandonado su Grandeza durante demasiado tiempo. Conocerán la Verdad con respecto a sí mismos al ver esta luz en otros. Y cuando todas las ilusiones de separación hayan desaparecido dejando sitio al Amor, y solo al Amor, sabrás que esta es tu verdadera profesión.

A tu Grandeza,
Emily

¿Cómo gestiono esto?

RESPUESTAS A TUS PREGUNTAS SOBRE
MILAGROS EN EL TRABAJO

L o que sigue es una selección de preguntas planteadas por estudiantes del *Curso* y clientes de *coaching* que quiero compartir para continuar con la conversación que hemos emprendido en este libro. Como verás, algunas de estas preguntas guardan relación con situaciones muy específicas del puesto de trabajo, mientras que otras reflejan un planteamiento de nivel superior y tienen una aplicación más universal. Espero que lo que aprendas aquí te resulte útil a la hora de incorporar de manera práctica los principios del *Curso* a tu carrera profesional.

Si deseas plantear una pregunta y conectar con nuestra creciente comunidad de estudiantes del *Curso,* por favor, visita: www.miraclesatworkbook.com

¿Cómo sabré que el **Curso** *está teniendo el efecto transformador que busco en mi trabajo y en mi profesión?*

Sabrás que el *Curso* está funcionando cuando te sientas en paz. En el ámbito profesional esto significa una mente capaz de mantenerse en profunda calma, independientemente de las circunstancias o del caos que te rodee. Esta sensación de paz vendrá a ti de distintas maneras, pero la mayoría de los estudiantes tienen su primer *ajá* cuando empiezan a observar a su mente-ego sin juzgarla. También empezarás a captar esos momentos en los que te «deshaces» de tu paz manteniendo activamente el conflicto. Por ejemplo, cuando das aire a las llamas de una leve irritación hasta que se convierte en ira manifiesta. Con el tiempo tendrás menos ganas de ir allí, y esto te dará más presencia, liderazgo y madurez emocional en el entorno laboral.

Además, también sabrás que el *Curso* está teniendo un efecto positivo cuando te acuerdes de pedir un instante santo para establecer el puente que te lleve de vuelta al Amor, que produce la visión espiritual necesaria para contemplar la Grandeza dentro de ti y de otros durante largos periodos de tiempo. Si alguna vez te sientes perdido en este sentido —es decir, si no puedes encontrar la sensación de paz en el trabajo—, acuérdate del clásico consejo profesional: por más que ames tu trabajo, él nunca te amará de vuelta. En otras palabras, lo que estás buscando en último término es la *experiencia* de conexión y dicha experiencia solo puede producirse entre *personas*. Por eso, según el *Curso*, el perdón es tu principal función y la repercusión de esta práctica en el trabajo es significativa. El perdón es lo que hace que la *curación de tu mente* sea posible; la mente sanada es la que posibilita la verdadera *conexión,* y la conexión posibilita los *logros.*

¿Puedes darme algún consejo sobre cómo mantenerme sereno en una reunión que se está caldeando?

En primer lugar y principalmente, cualquier momento en el que no estés en paz es el momento de pedir un milagro: *Por favor, ayúdame a ver esto de otra manera. Permíteme conocer a este hermano como me conozco a mí mismo.* Sigue rezando y recorriendo tu camino de vuelta a casa hasta que empieces a sentir que la emoción interna empieza a despejarse y que retornas a un estado libre de juicio. Para aclararlo todavía más: date cuenta de que el típico juicio del ego es de condena y es diferente de un juicio en el sentido del discernimiento normal y cotidiano entre ideas u objetos.

Así, antes de elevar la voz en cualquier momento de la reunión, basta con que te plantees esta valiosísima pregunta: *Lo que estoy a punto de decir ahora mismo, ¿reducirá o potenciará la comodidad que permite a esta persona comunicarse abiertamente conmigo?* También puedes plantear la pregunta así: *Lo que estoy a punto de decir, ¿expandirá o contraerá mi conexión con esta persona?*

Como posiblemente ya habrás notado a estas alturas, cuanto mayor sea tu mentalidad milagrosa, menos impulsivo serás a la hora de hablar. Así, tanto menos probable será que digas algo que después tengas que lamentar. Siguiendo esta línea, es de ayuda recordar que en cuanto sientes que la otra persona sube de tono *es una señal de que no le estás escuchando al nivel que desea ser escuchada.* Si puedes ir más allá de las palabras al temor específico que le está impulsando, tendrás una posibilidad mucho mayor de comunicar realmente durante la reunión, en lugar de desperdiciar el tiempo de cada cual hablando todos a la vez.

Tengo miedo de comunicar desde mi ego, de modo que a veces no hago oír mi voz cuando siento que alguien me confronta. ¿Cómo puedo apoyarme a mí mismo en el trabajo y al mismo tiempo ser amoroso?

Está claro que el pensamiento del ego puede envenenar tus relaciones laborales a través del ataque y la culpa, pero esto no significa que la respuesta amorosa sea el silencio, en absoluto. Evidentemente, cuanto más alto subas profesionalmente, más probable es que tengas conversaciones difíciles, y si tienes tendencia a arrugarte o a no decir nada, entonces no solo estás deshonrando tu propio crecimiento, también estás interceptando el crecimiento de la otra persona.

Una pista que puede ayudar es limitarse a hablar de las propias experiencias, en lugar de fijarse en las posibles motivaciones o intenciones de otros. En otras palabras, es mejor decir: «*Estoy* sintiendo cierta tensión aquí», que decir: «*Tú estás* fuera de control». Otro ejemplo: imaginemos que estás teniendo una conversación en la que alguien está empezando a mostrarse agresivo y te preocupa que en cualquier momento puedas reaccionar desde tu ego. En esas situaciones recuerda que, desde la perspectiva del *Curso,* tu poder es la Grandeza y su expresión es la indefensión. Esto significa que tu primera respuesta —siempre— es pedir un milagro que te permita recuperar tu paz. A continuación, tal vez simplemente reconozcas tu experiencia: *«Cuando comunicas así, me resulta difícil conectar con lo que dices».* La cuestión aquí es que no estás respondiendo a la agresión con agresión —lo que significa que tu ego no se está enfrentando al suyo— sino que, más bien, simplemente estás comunicando *tu* verdad tal como la entiendes. A medida que continúes aplicando estas herramientas, acuérdate de seguir pidiendo ayuda dentro de tu mente, sabiendo que —muy probablemente— no serás guiado mediante respuestas específicas. Más bien serás llevado a una *experiencia* de Amor que te permitirá perdonar. Como siempre, busca primero la *conexión* y confía en que vendrán las palabras correctas.

¿Cómo se supone que voy a tener objetivos profesionales y al mismo tiempo estar es un espacio de apertura y desapego? Entiendo la mentalidad de «atraer en lugar de empujar», pero no sé cómo aplicarla en el trabajo.

Evidentemente la idea de que el éxito surge de atraer en lugar de empujar no es nueva —escribí extensamente sobre ella en mi libro para mujeres líderes—, pero suscita cierta cantidad de confusión en el puesto de trabajo, donde el rendimiento a menudo se mide con la escala métrica. Está claro que las empresas giran en torno a objetivos y se espera que las personas «exitosas» hagan lo mismo. El problema es que invertir excesivamente en el resultado y en los plazos de nuestro éxito genera una tremenda cantidad de ansiedad que nos aloja cada vez más profundamente en el pensamiento del ego. Esto explica por qué en nuestra carrera profesional nos comparamos continuamente con los demás, por qué a menudo sentimos que no somos merecedores de nuestros sueños y por qué tantos de nosotros tenemos el molesto sentimiento de que todos los demás tienen las cosas claras, mientras que nosotros nos quedamos mordiendo el polvo.

Como dice el *Curso:* «Uno de los mayores obstáculos que ha impedido tu éxito ha sido tu dedicación a metas pasadas y futuras» (L-pI.181.4:1). Dicho esto, es importante recordar que cuando el *Curso* usa la palabra «éxito» no está hablando del éxito *externo*. Está hablando de conseguir el éxito en forma de paz interior y de esa presencia que irradia de forma natural cuando te resistes a los engaños del ego. Este es el significado espiritual de «atraer en lugar de empujar» en el trabajo. Cuando ya no dependes de conseguir algo externo para estar en paz, tu comportamiento es menos errático; de ahí, que otras personas tengan más ganas de estar contigo.

Por supuesto, esto no implica que tengas que renunciar completamente a tus objetivos. Solo significa que, en cualquier situación, tu *primer* objetivo es reconocer la luz compartida (Grandeza) con los demás seres humanos. Desde la perspectiva del *Curso,* nada de lo que podrías conseguir o desear es más importante que esto. Así, el punto aquí —y esto va a favor de *tu propio* éxito y felicidad— es cambiar de enfoque del *esfuerzo y la lucha* al *servicio,* donde tu intención es ser un recipiente que albergue la presencia del Amor en cada momento, en lugar de intentar conseguir lo que crees que necesitas.

De hecho, el *Curso* dice repetidamente que nuestro problema es que *no sabemos* lo que necesitamos. Estamos tan pillados en nuestros objetivos que nos olvidamos de que lo que en definitiva buscamos es la conexión. Y debido a esto, a menudo nos perdemos cosas que, además de encajar mejor, son más grandes que las que visualizamos para nosotros en ese momento. En otras palabras, cuando asumes que tú sabes qué es mejor —como dijo Rumí—, a menudo «buscas el collar de diamantes que llevas puesto».

A veces, cuando te sientes infeliz con respecto a tus objetivos profesionales, este punto se vuelve particularmente significativo porque ya has intentado descifrarlo todo por tu cuenta y no ha funcionado. De modo que ahora llega el momento de probar algo distinto. Es el momento de soltar el apego al resultado, a los objetivos y al control, y de enfocarte en cultivar tu mentalidad milagrosa.

Por ejemplo, volviendo al instante santo, cuando examinas la distancia entre donde estás y donde quieres estar, puedes decir: «Necesito un milagro». Por el simple hecho de dar este paso, te abres a algo nuevo, porque lo que estás diciendo es: «No puedo confiar en mi propio juicio en esta situación». Hablando espiritualmente, esta es una gran noticia porque es precisamente tu disposición a renunciar a tus viejas maneras de pensar lo que crea espacio para la nueva manera. *En otras palabras, no puedes pedir ayuda eficazmente mientras creas que ya sabes la respuesta.* Esta es la razón por la que confiar en tu propio juicio es fundamentalmente incompatible con un instante santo. Al intentar mantener el control *y* al mismo tiempo rendirte, generas una confusión mental que te mantendrá en guerra contigo mismo. Como dice el *Curso:* «Si solo confías en tus propias fuerzas, tienes todas las razones del mundo para sentirte aprensivo, ansioso y atemorizado» (L-pI.47.1:1).

Por lo tanto, en lo tocante a conseguir tus objetivos laborales, la solución no es *querer,* sino *llegar a ser.* Esto implica soltar el ídolo en que has convertido tu carrera profesional y reemplazar las preguntas en torno a qué «necesitas» por otra mucho mejor: *¿Quién estás siendo ahora mismo?* Preséntate *hoy* en toda tu Grandeza y el éxito futuro no solo será posible sino inevitable.

Un trato muy importante en el que he estado trabajando se ha caído —¡aunque no por mi culpa!— y me siento frustrado y descorazonado. Me preocupa no cumplir objetivos este trimestre, y esto me pone en un estado cercano al pánico. ¿Cómo puedo encontrar el camino de vuelta a la paz?

Una vez más, como cada experiencia comienza con un pensamiento, recuerda que tienes el poder de cambiarla simplemente cambiando lo que piensas sobre ella. Como ejemplo, cuando tienes el pensamiento «no es culpa mía», nota la proyección que está contenida. Ha ocurrido algo imprevisto que ha tenido consecuencias negativas para tu rendimiento; ahora bien, cuando te consideras una «víctima» de ello, creas una realidad en la que renuncias a tu poder. En tu caso, considerándote impotente, en realidad *te vuelves* impotente; tu pensamiento ha creado tu experiencia.

Desde la perspectiva del *Curso,* estos momentos te dan otra oportunidad de escuchar tu guía interna. Como siempre, comienza con una oración simple —por ejemplo, *podría ver paz en lugar de esto* (L-pI.34)— y a medida que tus pensamientos vayan pasando del miedo al Amor, recuperarás el poder de cambiar tu experiencia. Tal vez hagas algunas llamadas más, o tal vez salgas a visitar más clientes potenciales; en cualquier caso, no te quedarás sentado en la oficina sintiéndote atemorizado.

Si no estás seguro de lo que te indica tu «guía interno», recuerda que el *Curso* dice que todos tenemos la Voz de Dios (Espíritu Santo), la voz del yo (ego) y el poder de elegir entre ellas. Este no es un regalo «especial» que solo está a disposición de unos pocos elegidos; está a disposición de todos, aunque el *Curso* afirma que tu capacidad de oírlo depende de lo dispuesto que estés a escuchar. En medio de esta y de todas las demás dificultades, mantente enfocado en lo que puedes controlar (tus pensamientos), aprende a escuchar, actúa a partir de la guía que recibas y recuerda que, pase lo que pase, siempre estás seguro.

*He tenido una discusión con un cliente y ya sé que el **Curso** dice que «no soy un cuerpo», de modo que no puedo ser atacado. Pero lo cierto es que me siento atacado de manera extrema. ¿Cómo puedo aplicar esta lección en el trabajo de manera verdaderamente práctica?*

Aunque el *Curso* dice que no puedes ser atacado al nivel del Espíritu, reconozco que esto puede parecer muy insatisfactorio en el momento. Quiero dejar claro que no se te está pidiendo que ignores o rechaces cualquier cosa relacionada con cómo te sientes corporalmente. Uno de los errores con respecto a cómo mirar el mundo a través de la lente de la inteligencia espiritual (IE) es que la gente cree que se le está pidiendo que ignore o rechace su experiencia física, y no es así. El *Curso* dice que rechazar el cuerpo es «una forma de negación particularmente inútil» (T-2.IV.3:11).

Lo único que se te pide que niegues es el poder que das al cuerpo de determinar tu valía y tu éxito. Por ejemplo, en tu situación, está claro que estás molesto; sin embargo, el *Curso* diría que en realidad *no* estás molesto por lo que tu cliente te ha dado o ha dejado de *darte,* que en este caso supongo que será respeto. Más bien, el *Curso* diría que estás molesto porque sientes que necesitas el respeto para *completarte.* Si no estuvieras apegado a recibir respeto, no te sentirías molesto.

Por lo tanto, en lugar de «defenderte», tu trabajo es descubrir lo que esta otra persona ha activado *en ti* que te ha hecho olvidar tu Ser y sentirte atacado. Sea lo que sea, traer a la luz tu pensamiento egótico te da la oportunidad de tratar con él —y en último término disolverlo—, en lugar de mantenerlo oculto, en cuyo caso inevitablemente volvería a surgir en forma de más ataque, actitud defensiva y culpa.

Aquí es donde entra en acción la visión espiritual porque, cuando eres capaz de ver más allá del comportamiento corporal, eso te permite comportarte con más sabiduría a nivel corporal. Cuando los demás no tienen el poder de hacer que te sientas debilitado, *ahí es* cuando ya no puedes ser atacado, porque ya no das a nadie el permiso de escribir tu historia.

Leo el periódico cada mañana y he descubierto que tiendo a llevar las tensiones del mundo a mi trabajo. ¿Cómo puedo mantenerme informado sin permitir que las noticias afecten a la totalidad de mi día?

Si prestas atención a las noticias y te enteras de que ha ocurrido algo horrible, resulta muy fácil interiorizar ese miedo subconscientemente y llevártelo contigo al trabajo cada día. Dicho esto, según el *Curso,* la idea no es ignorar lo que está ocurriendo en el mundo ni dar la espalda al sufrimiento de los demás. Más bien, se trata de elevar el diálogo interno en torno a estos sucesos. Por ejemplo, si ves una historia molesta, en lugar de dejarte arrastrar hacia la negatividad, date cuenta de lo que está ocurriendo y entrégalo a tu Yo Superior diciendo, por ejemplo: *Por favor, ayúdame a ver esto de otra manera.* Como antes, cuanto más practiques este cambio de perspectiva, más llevarás tu ansiedad de un lugar *no reconocido* —donde resurgirá en todo tipo de autosabotajes— a un lugar *consciente* donde pueda ser delicadamente descartada.

Asimismo, es importante recordar que, a pesar de lo que esté pasando en el extranjero, en la otra punta de la ciudad o incluso en tu propia oficina, como reza el dicho: *la venganza es forma perezosa de pena.* En otras palabras, todas las formas de la ira son complacencia. Incluso la pena es complacencia. Si no se revisan, ambas se convierten en razones para sentirse impotente, que rápidamente se transforman en excusas para permanecer atascado. Sí, cuando ocurren cosas malas es apropiado hacer el duelo, enfadarse y sentirte como te sientas. El problema no es la emoción en sí. El problema es regodearse en la emoción, porque el regodeo es lo que crea el obstáculo egótico que te impide avanzar. Esto es tan aplicable a tu profesión como al periódico de la mañana, en ambos casos el mismo principio sigue siendo cierto: *Si solo ves los problemas, ¿cómo vas a estar disponible para las soluciones?*

Esta situación se puede resumir así: *lee el periódico y después vete a trabajar y representa la alternativa.* A través de tu luz y de tu ejemplo enseña que cuando una persona pasa del enfado a la acción, abre las puertas para que los demás hagan lo mismo. Correctamente dirigido, este tipo de amor *puede* transformar el mundo y también tu negocio. Pero primero debes despertarlo en ti.

Sobre *Un curso de milagros*

PREGUNTAS MÁS FRECUENTES

¿Qué es Un curso de milagros*?*

Aunque *Un curso de milagros* puede ser desplegado indefinidamente, es, sobre todo y como el título sugiere, un *curso*. Dentro de sus páginas, los estudiantes encuentran un programa completo para el crecimiento espiritual y para la sanación que se produce cuando se intercambia el pensamiento temeroso por el Amor sagrado. Este cambio de perspectiva es el «milagro» que da nombre al libro.

¿Qué beneficios aportará este camino a mi carrera profesional?

Dado el nivel de disrupción e incertidumbre que encontramos en el mundo de los negocios de nuestros días, los líderes deben responder a estas y otras presiones con mayor serenidad, agilidad y paciencia que nunca antes. Si bien *Un curso de milagros* no es una práctica espiritual diseñada específicamente para el mundo laboral, los beneficios de aplicar su mensaje al mundo laboral es que aprendes a ver tus circunstancias, sean cuales sean, desde una perspectiva «milagrosa». Esto te permite navegar los retos y conflictos personales con sabiduría y compasión, en lugar de estar a merced de lo que ocurre a tu alrededor.

¿Cómo se presenta este material?

A nivel formal, *Un curso de milagros* está compuesto de tres partes:

1. El Texto: treinta y un capítulos que delinean el sistema de pensamiento del *Curso*.

2. El Libro de Ejercicios: una serie de 365 lecciones —una para cada día del año— que ofrecen formas prácticas de aplicar los principios del texto.

3. El Manual para el Maestro: un suplemento al estilo «preguntas y respuestas» que ofrece respuestas directas a veintiocho preguntas que se plantean habitualmente sobre el *Curso,* además de una *Clarificación* de términos.

Algunas copias del *Curso* incluyen dos suplementos que también fueron escritos por Helen Schucman. Son: *Psicoterapia: propósito, proceso y práctica;* y *El canto de la oración: la oración, el perdón, la curación.*

¿Quién lo escribió?

Como dice el prefacio, *Un curso de milagros* comenzó con «*la súbita decisión de dos personas de colaborar en el logro de un objetivo común*». Originalmente estas dos personas fueron Helen Schucman y su compañero de trabajo William Thetford. Cuenta la leyenda que durante años Helen y Bill —ambos académicos de alto nivel en un entorno laboral disfuncional y presionado— tenían constancia de que las dificultades de su entorno a menudo rebosaban su relación personal.

En junio de 1965, Bill anunció que ya tenía suficiente de la hostilidad y de las interminables rondas de encuentros desagradables y caldeados. En una declaración motivada tanto por la pasión como por el agotamiento, Bill dijo que quería encontrar una nueva forma de relacionarse, enfocada en la bondad y el respeto, en lugar de en el ataque y la culpa.

Dijo: «*Debe haber otra manera*».

Helen, tocada por la sinceridad de Bill, estuvo completamente de acuerdo y se comprometió a ayudarle. Como *Un curso de milagros* describiría posteriormente, «un poco de buena voluntad» fue lo único necesario para crear un «instante santo»: el momento en el que se abandonan todas las heridas del pasado y se produce la curación que se tenía como objetivo.

Poco después de que Helen y Bill acordaran unirse en busca de una manera mejor de trabajar, Helen empezó a experimentar una asombrosa serie de sueños vívidos y extrañas imágenes. También empezó a oír una voz interna, que la noche del 21 de octubre de 1965 le anunció —en palabras de Helen— con «una autoridad calmada pero impresionante» lo que iba a venir:

«*Esto es* Un curso de milagros. *Por favor, toma notas*».

En la sección del prefacio titulada ¿*Cómo se originó?*, Helen describió su experiencia de la Voz como sigue:

> «No emitía sonidos, sino que parecía darme una especie de rápido dictado interno que yo anotaba en un cuaderno de taquigrafía».

¿Qué era esta Voz?

Desde las primeras frases de la introducción, el *Curso* emplea el lenguaje en segunda persona para hablar directamente al lector: «Solo el momento en que decides tomarlo es voluntario». No obstante, ya en el capítulo 1, en el principio del número 27 de los milagros, el texto cambia ocasionalmente a la primera persona: «Un milagro es una bendición universal de Dios a todos mis hermanos por mediación mía». Este ir y volver continúa a lo largo del escrito, pero es especialmente estridente al principio, porque probablemente te estarás preguntando: *Pero, ¿quién está hablando aquí?*

Según Helen, la Voz que oía era de Jesús, que por tanto es el autor de *Un curso de milagros.*

Puesto que no tenemos manera de validar la experiencia de Helen, a medida que prosigas por este camino tendrás que decidir por ti mismo.

¿Es este el trabajo de una psicóloga imaginativa o es auténticamente una comunicación celestial?

Cuales quiera que sean tus opiniones personales con respecto a cómo vino a ser el libro, hay una cosa que sigue siendo cierta: no hace falta creer que Jesús es su autor para beneficiarse de la sabiduría de sus páginas.

¿Quién es Jesús en el Curso?

Desde el inicio del cristianismo, Jesús ha sido considerado el único hijo de Dios, lo que implica que ha alcanzado una posición divina que nosotros nunca podríamos compartir. El mensaje del *Curso* es que Jesús es el hijo de Dios, sí, pero ni más ni menos que tú. Desde la perspectiva del *Curso,* el verdadero legado de Jesús es que él fue «el primero en completar su parte perfectamente» (C-6.2:2), lo que significa que caminó por la tierra en un estado de unicidad con Dios —completamente libre de la percepción de separación— y así demostró que podía hacerse. El *Curso* no afirma que Jesús haya sido o será la única persona en realizar esto; no obstante, lo que sí afirma es que podemos acudir a él para pedirle que nos libre de nuestras percepciones limitadas. En este sentido, Jesús es un «hermano mayor» (T-1.II.4:5) cuyo papel consiste en ayudarnos a «salvar la distancia» (T-1.II.4:5) de vuelta a Dios, una distancia que de otro modo sería «demasiado grande para que tú la pudieses salvar» (T-1.II.4:4).

¿Cómo se relaciona el Curso *con otros caminos espirituales? ¿Es un camino cristiano?*

El prefacio del *Curso* declara que es «una versión del programa de estudios universal» y que «todos acaban conduciendo a Dios». En otras palabras, cada uno de los grandes caminos espirituales tiene como objetivo el despertar al Amor sagrado y el *Curso* no es diferente en este sentido. En cuanto a si el *Curso* es cristiano, el prefacio lo describe como «de enfoque cristiano», aunque «aborda temas espirituales de carácter universal». Esto significa que, si bien los cristianos pueden reconocer el *lenguaje* empleado en el *Curso,* el mensaje es universal y trasciende todos los vínculos religiosos. Por lo tanto, la respuesta a esta pregunta es sí y no. Sí en el sentido de que hay más de ochocientas citas directas o referencias a pasajes bíblicos, por no mencionar que Jesús es su narrador declarado. Y no porque hay algunas distinciones esenciales entre la filosofía del *Curso* y el cristianismo tradicional, que exploramos a lo largo de este libro.

Para los estudiantes procedentes de tradiciones orientales, los principios no dualistas del *Curso* —explicados aquí en el capítulo 1—, sin duda, resultarán familiares. De hecho, ocasionalmente el *Curso* ha sido descrito como «Vedanta Cristiano» debido a su alineamiento con algunos segmentos de la filosofía hindú, y quien quiera indagar más a fondo descubrirá que también tienen coincidencias con otras tradiciones. Por lo tanto, es justo preguntarse si el *Curso* es meramente una colección de antiguos principios espirituales cuidadosamente empaquetados para el buscador de nuestros días. Si bien no puedo defender de manera creíble la afirmación de que el *Curso* ha sido canalizado de una fuente divina —después de todo yo no estuve allí—, lo que puedo decir es que, basándonos en los escritos de quienes la conocieron, Helen no parecía ser una estudiante de ninguna otra religión que el cristianismo y tenía una relación de amor/odio con sus propias creencias.

No puedo soportar la palabra «Dios». ¿Es el Curso *para mí?*

Es cierto que el concepto de Dios suscita diferentes asociaciones para distintas personas y no todas ellas son positivas. Dicho esto, una de las cosas que he aprendido a lo largo de mi camino espiritual es: cuanto menos trates de etiquetar lo que buscas —y ciertamente cuanto menos trates de etiquetar lo que los demás deberían buscar—, más fácilmente podrás encontrarlo. Cada uno de nosotros entendemos a «Dios» a nuestra manera, de modo que si prefieres no usar este lenguaje para describir lo que eso significa para ti, no hay problema. A veces, cuando leo el *Curso,* reemplazo la palabra «Dios» por «amor», «sabiduría» o «compasión» y tú puedes hacer lo mismo, o si lo prefieres puedes usar tus propios términos. Como se dice en el *Curso,* las palabras no son sino símbolos. Lo que cuenta es el significado que les damos.

¿Por qué usa el Curso *pronombres masculinos?*

Es cierto que el *Curso* emplea únicamente términos masculinos —llama a Dios «Él» y hace referencias a los «hijos de Dios», «hermanos» y similares— y es comprensible que esto haga levantar la ceja, o sea una señal de alarma, para aquellos estudiantes que estén preocupados por los mensajes no-tan-sutiles que este lenguaje podría emitir con respecto al poder, la influencia y la jerarquía —estás leyendo esto de una mujer que escribió un libro titulado *Who Says It's a Man's World/¿Quién ha dicho que sea un mundo de hombres?*, de modo que créeme que lo entiendo—. Por eso quiero decir aquí, desde el principio mismo, que el *Curso* no tiene ningún interés en cuestiones de género. Trata sobre el crecimiento espiritual y *el espíritu no tiene sexo*. Además, en nuestro idioma no hay un término neutro y gramáticamente correcto que incluya «él» y «ella». En cualquier caso, esto es asunto nuestro, no del *Curso*. Si el lenguaje patriarcal es una distracción, siéntete libre de sustituir las palabras que desees. O todavía mejor, como nos recuerda el propio *Curso*, olvídate completamente de las palabras y *busca la experiencia*.

¿Hay múltiples versiones del Curso*?*

Cuando el *Curso* fue publicado en 1976, los lectores asumieron que el material presentado estaba completo y era exactamente tal como Helen lo había escuchado. Más adelante, en 2000, apareció en la red un manuscrito anterior, seguido rápidamente por el *urtext,* el borrador original que Bill escribió a máquina a partir de las notas de Helen. En consecuencia, en los círculos del *Curso* hay confusión y un continuo debate con respecto a qué texto representa el «auténtico» material.

Por lo tanto, la respuesta breve es *sí,* hay diferentes versiones del *Curso,* aunque es importante indicar que la gran mayoría de las correcciones están en los primeros cuatro capítulos. En los primeros borradores, esos capítulos aparecen más como una conversación entre Helen y la voz, una conversación que después se considera llena de errores y discrepancias, resultado del miedo que a Helen le producía el proceso. En cualquiera caso, muchos estudiantes del *Curso* tienen su versión favorita pero, según dice el propio *Curso,* lo que importa no es la forma del libro, sino el contenido del mensaje, que básicamente no cambia en las distintas versiones.

Los «cuatro originales» que nos trajeron *Un curso de milagros*

Escriba: Helen Schucman (1909-1981), psicóloga clínica y profesora de la Facultad de Medicina y Cirugía de la Universidad de Columbia, en la ciudad de Nueva York. Helen escribió el *Curso* en una serie de cuadernos de notas a partir de un «dictado interno» que ella identificaba con Jesús. Después de escribir y editar el material, Helen raras veces habló en público de su conexión con el *Curso,* e incluso en su funeral no se mencionó su papel en el nacimiento de la obra.

Co-escriba: William Thetford (1923-1988), profesor de la Facultad de Medicina y Cirugía de la Universidad de Columbia y director de Psicología Clínica del Hospital Presbiteriano de Columbia, ahora Hospital Presbiteriano de Nueva York. Bill fue la primera persona en quien Helen confió cuando inició el dictado que se convertiría en *Un curso de milagros.* Originalmente, Bill se ofreció para pasar a máquina las notas de Helen como un gesto para ayudarle a aliviar la ansiedad que sentía por «oír una voz»; a medida que se desplegaba la profundidad y la sofisticación del libro. Bill continuó en su papel durante siete años, entre 1965 y 1972. Cuando se completó el manuscrito original, Bill, que no experimentaba la misma voz interna que Helen, continuó siendo estudiante del *Curso* hasta su deceso en 1988.

Corrector: Kenneth Wapnick, doctor en Filosofía (1942-2013), psicólogo clínico y primer profesor del *Curso.* Ken fue presentado a Helen y Bill en otoño de 1972, después de que hubieran completado el manuscrito original (*urtext*). Después de leer el material, Ken, que estaba planeando hacerse monje, decidió no entrar en el monasterio y trabajó muy cerca de Helen para corregir y preparar el *Curso* para su publicación. Ken acabó convirtiéndose en un prolífico erudito y profesor, siendo autor de treinta y cuatro libros sobre el *Curso* a lo largo de su vida.

Editora: Judith Skutch Whitson (b. 1933), profesora de Psicología Experimental en la Universidad de Nueva York y directora ejecutiva de la Fundación para la Paz Interior. Judy recibió el *Curso* de Helen y Bill en la primavera de 1975. Encantada con las compresiones que presenta el libro, Judy organizó su primera edición un año después y ha estado activamente involucrada en su publicación desde entonces.

AGRADECIMIENTOS

M i agradecimiento sincero…

A mi agente Linda Konner. Sé que este libro fue tan sorprendente para ti como para mí y aprecio profundamente tu apoyo continuado y tus consejos.

A mi familia en Sounds True —Jennifer Brown, Haven Iverson, Sarah Gorecki y Tami Simon— por creer en este proyecto y darme la oportunidad de darle vida. También quiero dar las gracias a Jennifer Holder por estar a favor de *Cómo aplicar la inteligencia espiritual en el trabajo* desde el principio y a Sheridan McCarthy por hacer el seguimiento hasta el final.

A mis mentores Kenneth Wapnick y Marianne Williamson, cuya elocuencia, erudición y prolíficas enseñanzas han hecho que tantos otros y yo nos abriéramos al *Curso.* Si sentís que este libro ha potenciado vuestra comprensión del *Curso,* yo concedo buena parte del mérito a estos dos profesores y a su extraordinaria batería de recursos. Marianne, eres mi heroína y es un verdadero honor tener tus preciosas palabras en el prólogo de este libro. Gracias con todo mi corazón.

A Robert Perry, por tu notable e incesante compromiso con la integridad del *Curso* y por proporcionarme un generoso *feedback* que ha beneficiado mucho a estas páginas.

A Judith Skutch Whitson, a la Fundación para la Paz Interior, a la Fundación para Un curso de milagros, a Pathways of Light, a Miracle Distribution Center, Jon Mundy y Carol Howe, por ser portadores de la lámpara, tan comprometidos e inspiradores para los estudiantes del *Curso.*

A Gabrielle Bernstein por ser la primera persona que me introdujo al *Curso,* naturalmente el 3/11/11. Tu luz brillante reveló este camino y siempre te estaré agradecida por ello.

A Viktor Frankl, Stephen Covey y Mel Robbins por mostrarme el «espacio» entre el estímulo y la respuesta.

A los monjes de Abbey of Gethsemani y de Mapkin Abbey por abrir vuestras sagradas puertas, inspirarme con vuestra disciplina y proporcionarme un lugar sereno donde escribir.

A mis padres, Paul Bennington y Lynn Cook, por las numerosas lecciones que me habéis enseñado en esta vida.

A Johnny, Christian y Liam Tugwell. No tengo palabras para expresar la alegría y el privilegio que es estar en este camino siempre sinuoso con vosotros.

Y por último, a los obradores de milagros comprometidos con traer la luz, representar la alternativa y compartir vuestra Grandeza cada día y cada hora. Os honro a todos.

SOBRE LA AUTORA

Emily Bennington es autora de éxitos de ventas y estudiante/ profesora de prácticas contemplativas para públicos seculares y espirituales. Ha dirigido programas de formación sobre liderazgo en valores para muchas empresas Fortune 500 y ha aparecido en numerosos medios de comunicación, como CNN, ABC, y Fox, Wall Street Journal, Glamour, Marie Claire y Cosmpolitan.

Emily es autora de dos libros: *Effective Immediately: How To Fit In, Stand Out, and Move Up at Your First Real Job* y *Who Says It's a Man's World: The Girls' Guide to Corporate Domination*, que fue presentado como «Libro del mes» por el periódico Washington Post. Como consecuencia de su experiencia en el mundo de la empresa, Emily es experta en presentar complicados temas de *mindfulness* y espiritualidad con razonamiento lógico, profesionalidad e inclusión. Si bien su trabajo es neutral en cuanto al género, su página *web* ha sido listada recientemente por la revista Forbes como una de las «100 mejores» para mujeres y sus *emails* semanales llegan a miles de personas que están tratando de vivir y liderar con más presencia y gracia. Para más información, el programa de eventos y las ofertas de cursos en línea, por favor, visita emilybennington.com.

Para los materiales de regalo que acompañan a este libro, por favor, visita miraclesatworkthebook.com.

ASPECTOS ESENCIALES DEL LIDERAZGO PROCEDENTES DE UNA FUENTE INESPERADA E ILUMINADORA

Millones de personas han abrazado las comprensiones de *Un curso de milagros* como fuente de visión, empoderamiento y conexión profunda con los demás. Durante años, la autora y experta en orientación profesional Emily Bennington se ha basado en los principios más útiles de este texto para ayudar a miles de personas a tener éxito en su vocación. En *Cómo aplicar la inteligencia espiritual en el trabajo* invita a los espíritus afines —los que anhelan alinear su ser espiritual con su vida profesional— a emprender la aventura.

Combinando los principios del *Curso* con sus propias estrategias para conseguir el éxito laboral, Emily enseña a los lectores a liberarse de los hábitos derrotistas y a sintonizar con las oportunidades; a transformar los conflictos con personas difíciles; a responder a los retos con calma y sabiduría y a extraer del pozo de energía y sabiduría universal que todos tenemos a nuestra disposición.

Emily Bennington ha sido presentada en Monster.com como una de las «once expertas profesionales a seguir» y en la revista *Forbes* como una de las «100 mejores páginas web para mujeres», así como en los grandes medios de difusión nacionales. Ha dirigido programas de formación para empresas de la lista Fortune 500 y es autora de *Effective Immediately* (con Skip Linegerg, Ten Speed, 2010) y *Who Says It's a Man's World* (AMACOM, 2013). Reside en Charlotte, Carolina del Norte. Para más información, vista emily-bennington.com.